JN418762

GLOBAL
icon Culture

GLOBAL

icon Culture

GLOBAL icon Culture

이 재 공
심 형 수

우리가 살고 있는 이 지구는 산업사회를 벗어나 정보화 사회로 발전하면서 지역 중심의 로칼리즘(Localism)에서 글로벌리즘(Globalism)으로 확대되어가고 있다. 무한한 첨단 전자 및 통신 수단의 발달로 공간과 시간의 제한이 없어지면서 이 세계는 하나의 공동체처럼 움직이고 있는 것이다.
하지만 세계화는 오랫동안 고유하게 발달해온 지역의 문화적 특성을 획일화시키거나 정체성을 잃어버리게 할 수 있다.
따라서 정보화 사회가 발달할수록 세계화의 흐름에 보조를 맞추어 나가야 함과 동시에 하나의 국가나 민족이 유지, 발전해 온 문화적인 정체성을 지속하는 것도 중요하다.
이에 경쟁이 치열해지고 있는 글로벌 마켓에서 글로벌 기업들은 지역 국가의 고유한 문화적인 코드를 상품화하거나 지역의 다양한 요소를 융합하여 새로운 상품의 개발과 시장의 개척에 집중하고 있다.
이제 우리나라도 정보화 사회의 한가운데에서 국가의 경쟁력 강화를 위한 세계의 글로벌 브랜드의 등장을 요구하고 있다.
특히 아시아권에서부터 불기 시작한 한류는 우리나라의 문화 코드가 충분히 세계화 될 수 있는 가능성을 예측할 수 있도록 하였으며, 세계 시장에 글로벌 상품과 함께 우리나라 고유의 문화를 전파하여 우리나라의 국가적 인지도를 높일 수 있는 글로벌 기업의 등장이 필요한 시점에 있다.
따라서 본 저서에서는 우리에 앞서 자국의 문화 아이콘(Icon)을 상품에 접목하여 글로벌 상품으로 발전시킴과 동시에 국가의 고유한 문화 이미지를 세계화하는데 성공한 대표적인 “국가와 기업”의 연계 사례를 들어 각 기업의 문화 아이콘(Icon)과 글로벌 전략을 분석하고자 하였으며, 또한 이들 기업이 자국의 문화 자산을 어떻게 상품에 적용하여 글로벌화 할 수 있었는가에 대한 각 기업마다의 고유한 디자인 정책을 찾고자 노력하였다.

이에 자국의 문화 아이콘이 잘 스며든 대표적인 글로벌 기업을 중심으로
전략적 접근의 핵심 내용은 다음과 같다.

1. 네덜란드 필립스(Philips)사
「최소주의와 경제의 논리」 "Vision of the Future"
2. 덴마크 레고(Lego)사
「전통과 상업주의의 조화」 "Consumer Oriented Design and Marketing"
3. 독일 브라운(Braun)사
「기능과 조형의 완벽한 조화」 "The Spirit of Strictness, Purity and Functionalism"
4. 미국 애플(Apple)사
「감성디자인과 창조적 파괴」 "Change the world by bringing computer to masses"
5. 스위스 스와치(Swatch)사
「기술을 예술작품으로 승화」 "Provocation, Innovation, and Fun Forever"
6. 스웨덴 플레이샘(Playsam)사
「고전주의의 현대적 재현」 "New Creativity by Simplicity"
7. 이탈리아 알레시(Allessi)사
「진취적이고 낭만적인 꿈」 "The Dream Factory"
8. 일본 소니(Sony)사
「고객의 꿈을 현실로」 "Digital Dream"
9. 핀란드 노키아(Nokia)사
「공예정신과 자연주의」 "Design Driven Prior to Technology"

이들 기업의 문화적 아이콘을 통해 우리나라의 기업과 디자인이
우리나라 고유의 문화적 전통성을 세계화하고자 하는 글로칼리즘(Glocalism)전략을
찾고자 하는데 다소 도움이 될 수 있기를 바란다.

– 2006년 12월 –

GLOBAL

icon Culture

CONTENTS

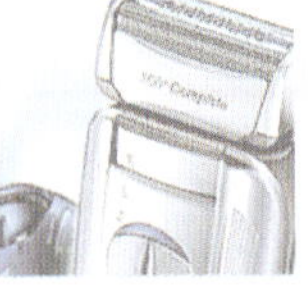

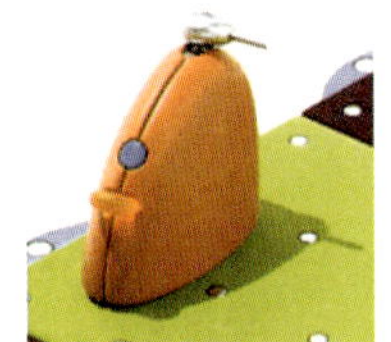

최소주의와 경제의 논리

"Vision of the Future"

Philips

GLOBAL icon Culture

네델란드

필·립·스·P·H·I·L·I·P·S

실험정신과 도전정신을 바탕으로 하는 미래지향적 디자인

해상 교통의 중심지로서 중세 말기부터 국제무역의 중심이 된 **네덜란드**는 자유와 관용을 존중하고 해상상업을 번영, 유지하기 위하여 평화와 상업의 자유를 소중하게 여겨왔다. 때로는 해상왕국이기도 하였던 상인적인 기질을 바탕으로 국가산업은 중계, 가공 무역으로 발달하여 왔다.

또한 불리한 자연환경을 극복한 끈기 있고 강한 도전정신과 집념으로 복지국가의 실현과 유럽 무역의 중심지가 되고 있다.

따라서 이러한 도전정신을 바탕으로 디자인에 있어서도 실험정신이 강하며 해상무역의 중심지라는 지리적인 특성으로 여러 나라의 다양한 문화를 접할 수 있는 기회가 많음에 따라 자유로운 스타일과 미래지향적인 디자인을 추구하고 있다.

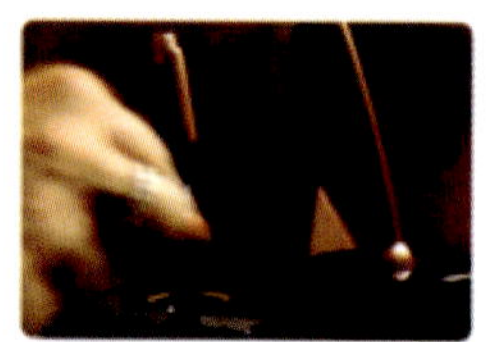

Magic Pens

필립스는 세계 전자산업계를 대표하는 기업이다.
네델란드의 제라드 필립스(Gerard Philips)가 1891년 최초 설립한 이후
오늘날 150여 개국을 대상으로 한 마케팅으로 전 세계적인 인지도와
가전제품 및 가정용품부터 조명기기, 보안시스템, 의료시스템, 반도체에 이르기까지
약 60여 개 사업영역에서 최고 수준을 자랑하며 가전업체로서는
세계 3대 브랜드 자산 가치를 가지고 있다.

Ping-Pong For One

가상현실 헤드기어(Virtual-reality head gear),
제품을 착용한채 게임의 레벨을 조정하여
실제 스포츠를 직접 체험할 수 있다.
가상현실의 기회를 제공한다.

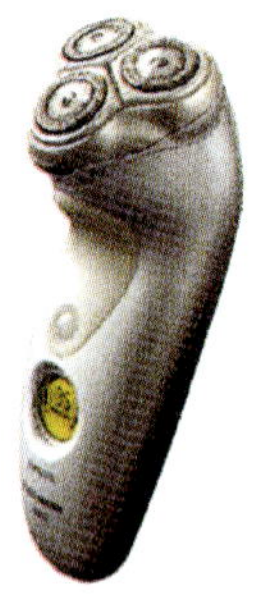

필립스하면 보통 전기면도기나 커피메이커를 떠올릴 정도로
소형 가전 제품군 생산업체로 인식되거나,
1963년 세계 최초로 아날로그 카세트를 발명한 후
오늘날 누구나 손쉽게 사용하는 CD(Compact Disk)역시 세계 최초로 소개한,
디지털미디어의 선두 기업이라는 사실은 상대적으로 인식이 적은편이다.
하지만 다양한 디지털 원천기술의 제안자로 필립스는 디지털 AV가전,
홈 네트워킹의 분야에서 새로운 기술과 제품을 끊임없이 선보이고 있다.
특히 차세대 벽걸이형TV의 라이프 스타일을 한국 소비자에게 소개하고
세계 10대 컴퓨터 업체 모니터의 50%를 책임지고 있는 등
현재 모니터 부문에서의 선전은 괄목할 만하다.
이와 같은 필립스의 첨단 디지털 제품은 단순히 새로운 기술 도입에 의한
결과물이 아니라, 그 동안 지향하고 있는 **"미래 비전"** 의 연장선에 있다.

PHILIPS

AJ3136 Clock Radio

IDEA 2004 Consumer Products 부문 동상
보다 젊은 소비자를 대상으로 한 시계로서 시계를 굴리면 디스플레이가 회전한다.
둥근 모양의 이 시계는 휴대 및 사용이 쉬우며 알람소리를 각자 개성에 맞게 설정할 수 있다.

필립스가 지향하는 미래 문화는 디지털 테크놀로지의 인간화, 즉 휴먼 테크놀로지의 실현이다.

우리의 일상을 담은 첨단제품 디자인의 "미래의 비전(Vision of the Future)", 미래 우리 가정의 모습을 선보인 "가까운 미래의 집(The home of the near future)", 가전과 음성 접속기기의 미래 모습을 제시한 "컨넥티드 플레닛(Connected planet)" 등과 같은 미래 지향적 프로젝트를 오랫동안 진행해오고 있다.
기업의 꿈이 곧 제품에 반영되어 소비자와 만나는 과정은 참 흥미롭다.

Living memory

Break fast tray

Smart Connection Series

Cushion Screen
Videophone and Loudspeakers

Magic Pens

내일을 제안하는 기업

Home Work
New Gestural Language

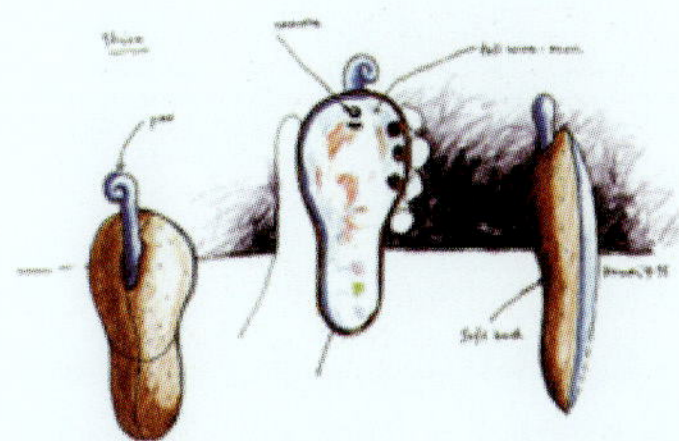

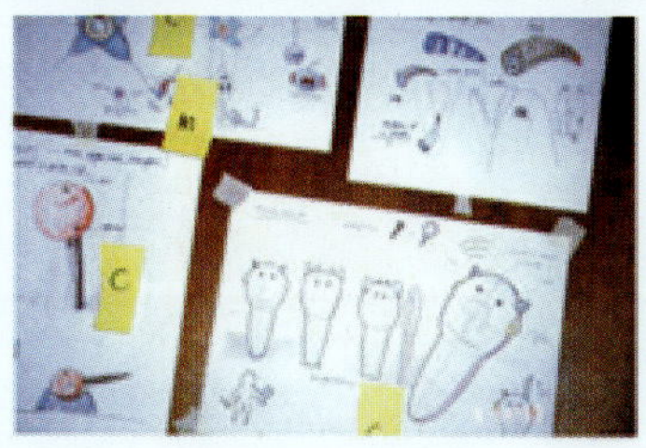

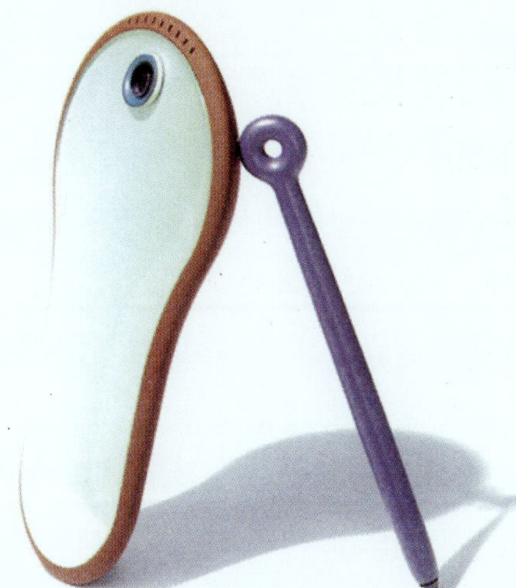

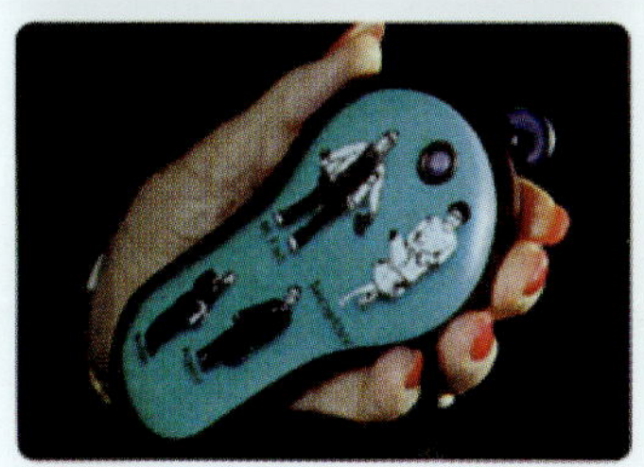

Interaction Design

Shiva Series

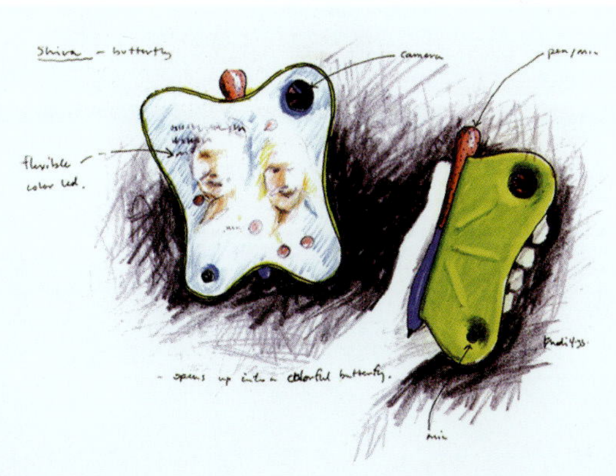

필립스의 디자인

필립스의 디자인은 제품을 보기 좋게 만드는 것 그 이상의 의미가 있다.
이들의 목표는 소비자를 넘어서 인류의 영감을 만족시키고
또 그들의 니즈를 예상해 내는 것이다.
이를 위해 필립스는 다양한 경험을 갖춘 소비자의 연구를 무엇보다 중요시해
디자인 자체 조형적 감각 만큼이나 인간 행동에 관한 진지한 연구를 하고 있다.
이로 인해 미래를 위해 좀더 이상적인 해결책을 내어 놓고
소비자가 이에 능동적일 수 있도록 지원하는 프로젝트의 시각적 제안이 활발하다.
사람으로 하여금 미래 라이프스타일을 대리 체험하게 하는 것이다.
미래를 향한 이러한 독특한 접근법은 필립스 전체 제품군의 디자인 역량으로
표출되고 있음은 자명한 일이다.

기술의 끝없는 발전과 변화, 미래에 대한 인간 삶의 목표에 대한 변화는
미래를 예측하기 힘들게 한다.
더구나 지금까지는 제품의 개발은 새로운 기술 도입에 의해 필수불가결하게 이루어졌지만
이제 인간은 문화로 이동하게 하는 능동적인 역할을 해야 할 시점에 왔다.
그러한 관점에서 필립스는 현대 사회에서 가전회사 그 이상의 역할을 한다.
바로 기술을 휴머니즘화하여 우리 생활에 흡수하게 하는 디자인 솔루션을 마련하는 것이다.
이것은 미래에 적용될 다양한 첨단 제품들을 소개하고
그에 따른 미래 삶을 지속적으로 발표하는 것으로 표현되어 왔다.
특히 디지털 기반 기술을 제공하여 각계간의 충분한 커뮤니케이션 비전의 제시는
사람과 제품, 시스템과 환경 사이의 조화로운 관계를 맺게 하는 것이다.

Hospital Network

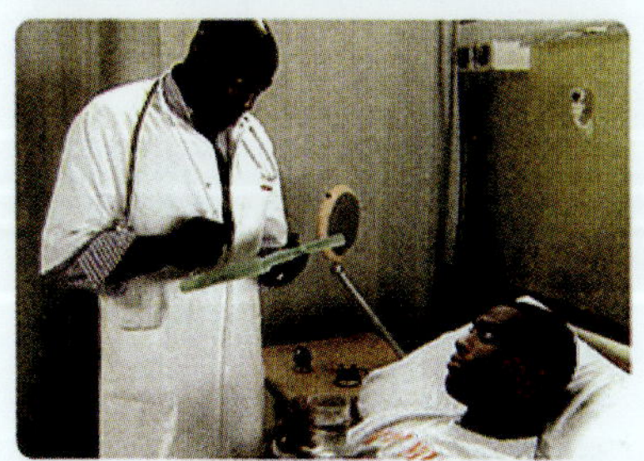

Patient Bedside Unit

LCD 패널상의 점으로 나타나는 픽셀들은 영원히 어둡거나
혹은 밝거나 두 가지로 고정된 것이다.
그러나 현재 필립스는 동영상과 스틸 이미지 모두를 만족시키는
LCD 셀 및 모듈 등의 분야로 세계 1위를 석권하고 있다.
신 개발품으로는 OL Induction Lighting, 고선명 디지털 TV(HDTV),
CD-R/RW, DVD, Super Audio CD, Liquid Crystal Displays 등이 있다.

Philips Design History

1920 1960 1980 1991

The Early Stages

디자인에 관한 필립스의 관심은 1920년대에 시작됐다.
소비자재의 대량 생산 시대로 접어들던 시기였다.
제품디자인은 새로운 모델에 대한 기본 사항에 대해서는
기술과 시장 환경에 따라 결정되어지곤 했다.

Needs for Identity

디자인이 제품 정책에 영향력을 갖추어야 된다는
생각은 1960년대에 등장했다. 국제적인 규모로 커나가기 시작했던
필립스의 현지화 세부 전략을 조절하기 위해서였다.
디자인 방법에 있어서 계획성 있고 꼼꼼한 분류를 했다.
디자인 프로세스로 브리핑 단계에서는 리서치,
정보 수집과 깊이 있는 연구가 실제 디자인 단계 전에
필수적으로 요구되었다.
또한 'House style'를 통해 의무적으로 지켜야 하는
디자인 표준형 매뉴얼을 제작하여 모든 비주얼 디자인의
일관된 이미지를 창조했다. 이는 매우 경제적인 효과를 가져왔다.
디자인이 관철되는데 시간을 줄이고 필립스 디자인 법적 포지션을
보호하는 역할을 했다.
또 무엇보다도 회사의 이미지를 정립하는데 큰 역할을 했다.

Design as a Competitive Instrument

당시 디자인 비전은 어떤 제품이나 커뮤니케이션의 디자인이
모든 소비자를 만족시켜야 한다는 것이다.
또 제품이란 그 회사 이미지의 공식 성명서(Statement)와
같은 역할을 한다고 인식했다.
디자인을 경쟁력 있는 도구로 생각하고 그는 디자인과
인간공학을 제품 개발과 생산, 마케팅 프로세스에
완전히 통합시킬 필요성을 역설하였다.

High Design

1991년 스테파노 마르자노는
필립스 디자인에 새로운 비전과 임무로
디자인의 새로운 시대를 열였다.
새로운 비전과 미션은
'High Design Exellence' 를
통해 인간의 가치를 창조하는데
그 초점을 맞추었다.
이것은 인간 중심의 다양한 학문과
연구 중심의 디자인 접근 방법이었다.
이것은 디자인 프로세스가 이음새 없이
제품과 비즈니스에 적용되도록 했다.

The Kid's Room

Kid's Projector, Recharge Mats

Bathroom

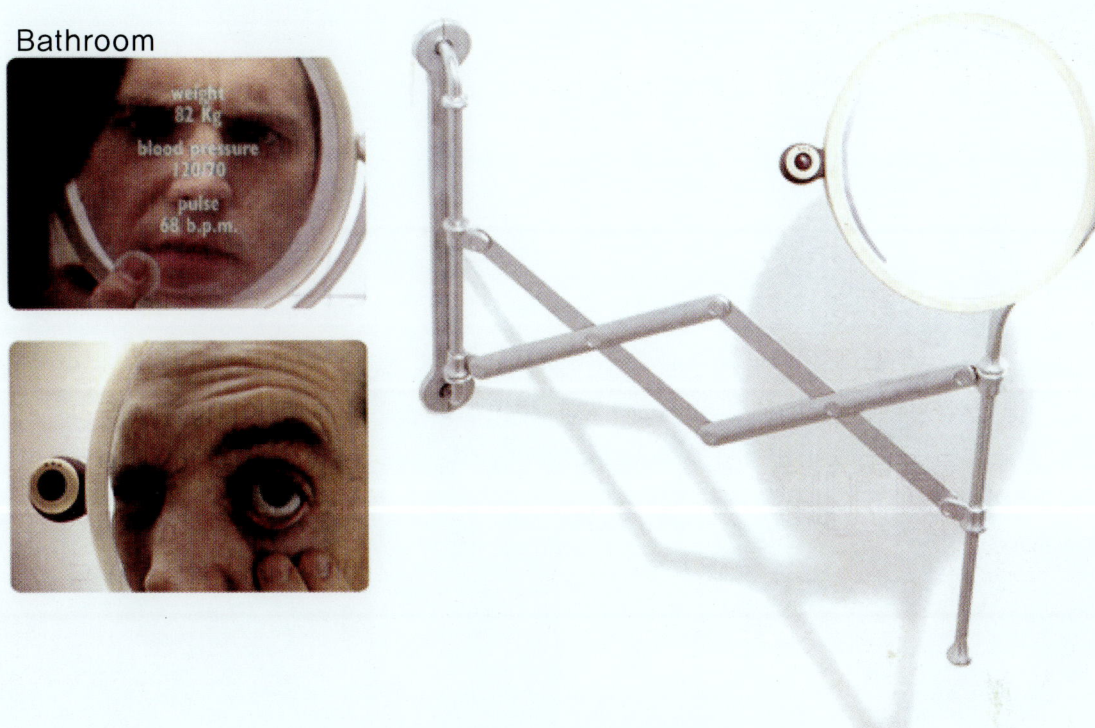

Pull–out Mirror and Weighing Mat

Portable Screen

Wearable Computer

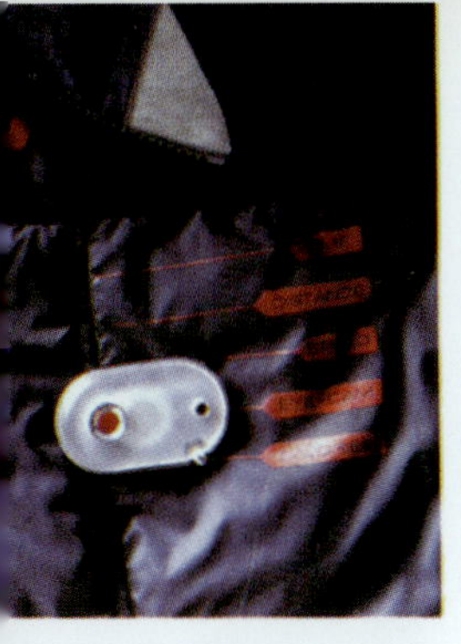

90년대 후반부터 의복 컨셉트인 "Wearable Computer"의 프로젝트를 선보이면서 새롭고 흥미 있는 미래 패션과 테크놀리지 분야에 관한 대중의 관심을 더욱 두텁게 하는 계기가 되었다.

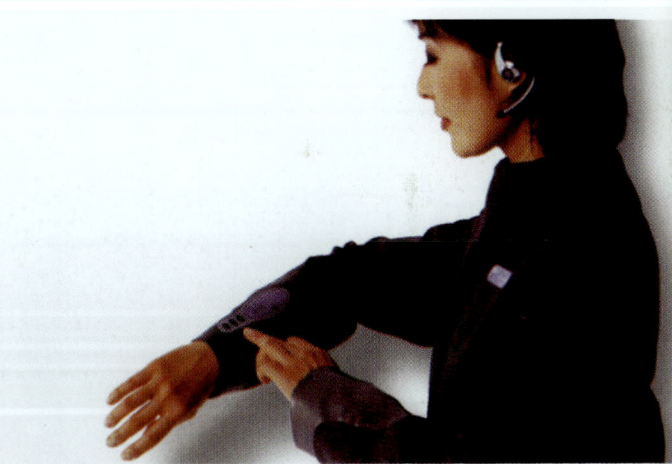

Wearable Computer가 패션과의 깊은 연관성을 인식하고 패션 산업과의 파트너십을 가지는 것을 중요한 과제로 판단, 의류 전문회사 '리바이스' 와 함께 사업화를 착수하였다.

“예측과 판단” “검증과 수정”

필립스에서 제시하는 미래 비전 프로젝트의 궁극적인 목표는 미래 사회에서의 사람들이 필요로 하는 것, 원하는 것들은 무엇인가에 대해 탐구하고 목표를 실현할 수 있는 기술적 표본을 창조하는 것이다.

이에 연구된 프로젝트를 대중에게 발표함으로서 아이디어와 제안된 방향에 대한 사람들의 반응을 관찰하며 사람들이 미래의 제품과 서비스를 어떤 형태로 받아들일지, 어떤 것에 의미를 둘 것인지를 확인하고자 하는 것이다.

자연스럽게 필립스의 인터넷 기반 디자인 솔루션과 브랜딩, 신규 제품과 서비스 포지션을 위한 이노베이션 등의 형태로 거두어진다.

Dashboard Navigation Screen

Concept Creation and Design

Ludic Robots

필립스의 미래 연구

'아마도 이렇게 되지 않을까, 이것은 분명 가능할 것이다, 이런 것이 미래를 위해 좀 더 필요하겠다' 등의 예측과 검증을 통한 미래의 모습을 묘사해 왔으며, 미래의 물건, 이미지, 환경과 커뮤니케이션의 형태 속에서 사람들의 상상을 자극하고 또 그 대답들을 통해 창조해 왔다. 오늘도 이들의 미래 연구는 세계 각국의 디자이너는 물론, 제조업자, 학계에 새로운 라이프 스타일을 상상하도록 도와주고, 디자인과 테크놀리지의 지적인 통합을 자극하고 있다.

전통과 상업주의의 조화

"Consumer Oriented Design and Marketing"

Lego

덴마크

레 · 고 · L · E · G · O

디자이너
Anastasia Moutsidou
Agnes Couvelas
Thanasis Sotiriou
그리스

수공예적 전통과 자연을 바탕으로 하는 향토주의

역사의 한 시기에 북유럽을 주름잡던 바이킹의 후예인 **덴마크**는 낙농과 수공예산업 등으로 부를 축적하여 풍요로운 생활을 구가함으로서 계급의 차이가 적은 평등, 자유, 복지의 사회를 일찍부터 이룩하였다.
또한 유럽의 다른 나라보다 훨씬 동질적이며, 매우 높은 수준의 교육 등으로 통일적인 아이덴티티를 나타내고 있다. 어떤 경우에서든지 단지 새롭다는 기준에서 이전 것보다 나중 것을 더 좋아하지는 않으며 사람이 만든 물건은 단순하고, 자연스럽고, 분명하여야 하며, 과도하거나 거대하고 무절제한 제품은 반대한다.
따라서 덴마크의 디자인은 오랜 전통에서 우러나오는 장인정신과 미적 단순성의 통합으로 가정적인 스타일을 추구한다. 즐거움의 기하학은 기능의 요구에서 나오며, 아름다운 도구는 그것이 최적의 기능을 갖고 있다는 것을 느낄 수 있기 때문에 아름다운 것이다.
특히 제품을 좋은 도구, 사용자가 일체가 될 수 있는 도구로 만들려고 노력한다.

고객 중심의 디자인과 마케팅, 레고

레고의 탄생

직업이 목수였던 창업자 올레 키르크 크리스티얀센(Ole Kirk Christiansen)이
장난감 회사를 설립한 계기는 그의 아이들 때문이었다.
1930년대의 대공황기에 일자리를 잃고 아내 또한 4명의 아이들을 남겨둔 채 병으로
세상을 떠나자 틈틈이 나무 조각을 다듬어 아이들에게 장난감을 만들어주곤 했다.
올레의 목공소에는 나무 인형들이 점차 쌓이기 시작했고,
인형 값 대신 식료품으로 바꿔달라며 설득을 하면서 주변 아이들에게 장난감을 알렸다.
또한 어린이의 상상력과 창의적인 소질을 자극할 수 있는 고급 장난감으로 요요,
바퀴달린 코끼리 형상, 장난감 유모차와 자동차, 오리모양의 장난감 등 다양한 아이템을
개발함으로서 어느새 마을 아이들 모두 올레가 만든 장난감을 갖고 싶어 하게 되었다.
이렇게 그의 목제 장난감이 관심을 끌게 되자 일손이 달려 다른 일꾼들을
고용하기 시작했으며, 1940년대 말쯤에는 레고에서 일하는 인력이 50명을 넘었고
그 지역에서는 가장 규모가 큰 회사로 자리 잡았다.

레고는 처음 나무 장난감에서 시작되었다.
1958년 최초의 플라스틱 블록이 개발되면서 오늘날 레고의 모습을 갖추게 되었다.
색깔과 크기가 다른 블록을 이용해 벽돌을 쌓듯 집을 만들거나
자동차 등 갖가지 것을 만들도록 구성되어 있는 전세계 어린이들의 대표적인 장난감이다.

LEGO

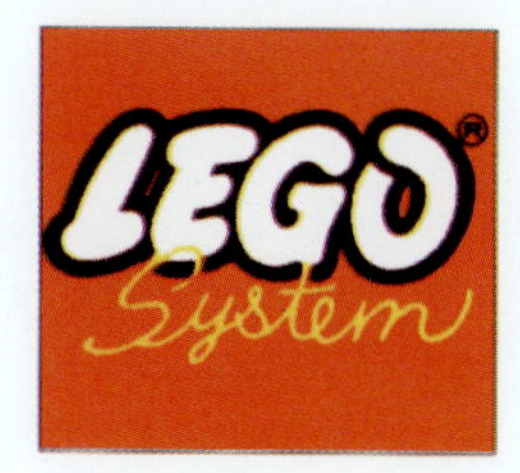

레고 로고의 변천 과정.
1973년에 현재 사용되는 로고가 정식으로 채택.

덴마크어로 '재미있게 놀다(LEG GODT)'를 줄여서 만든 이름이며
라틴어로 "책을 읽고 있다"거나 "함께 참여하고 있다"는 의미를 지닌다.

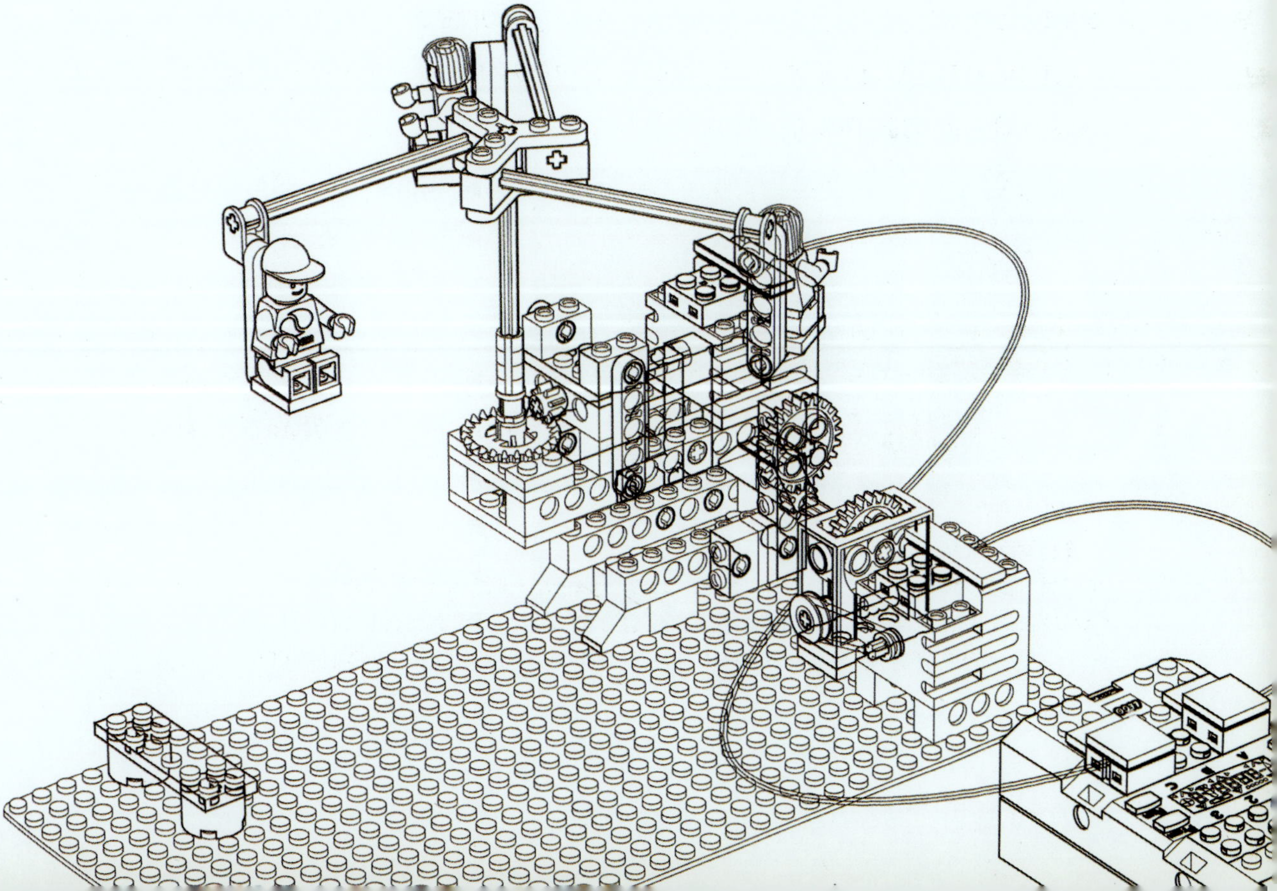

2차 세계 대전 이후 장난감의 인기가 시들해지면서 회사가 고민에 빠져 있을때, 당시 경영자였던 올레의 아들 갓프레드는 1954년 한 박람회에 참가하기 위해 영국으로 배를 타고 가던 중, 우연히 코펜하겐의 유명 백화점인 'Magagin du Nord'의 구매과장으로부터 '아이들 장난감에는 고차원의 규칙 같은 것이 빠져 있다 '는 말을 듣고 레고 시스템을 위한 열 가지 기본 규칙을 생각해 낸다.
1958년에 수많은 시도와 실험을 거친 끝에 합성수지를 이용한 자동 결합 블록인 레고 벽돌을 만들게 되는데, 이 신제품은 앞서 만든 장난감과는 달리 열 가지 기본 규칙을 바탕으로 한 "놀이 시스템"을 갖추고 있었으며, 레고의 시초다.
1963년에 공개된 그 규칙들은 오늘날까지도 통용되고 있으며 이 규칙을 바탕으로 다양한 레고 시리즈를 탄생시키고 있다.

레고 시스템을 위한 열 가지 기본 규칙

- ▶ 놀이의 가능성이 무한할 것
- ▶ 여자아이와 남자아이 모두를 위한 것
- ▶ 모든 연령의 아이들에게 맞는 것
- ▶ 일년내내 가지고 놀 수 있는 것
- ▶ 아이의 건강과 편안함을 고려할 것
- ▶ 적당한 놀이 시간을 지킬 수 있을 것
- ▶ 발전, 환상, 창의력을 증대시킬 것
- ▶ 더 많은 놀이의 가치를 증폭시킬 것
- ▶ 쉽게 보충할 수 있을 것
- ▶ 품질이 완전할 것

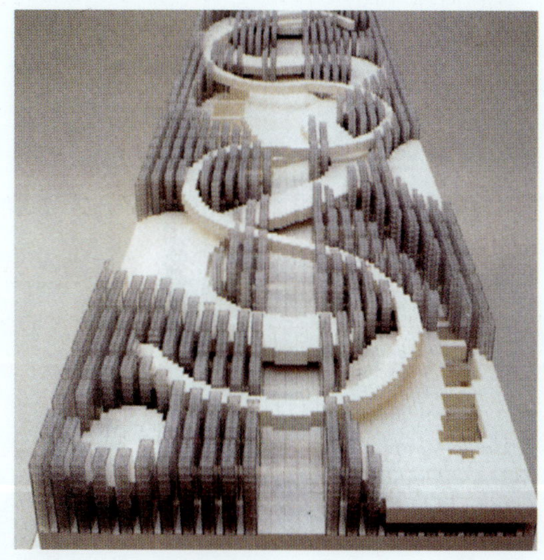

레고 블럭을 활용한 다양한 디자이너 작품

Learning through Playing Lego Dacta

레고 닥타 프로그램 중 가장 어린 유아들을
대상으로 하는 기초기계시리즈 제품으로 회전의자를 모형화 한 것이다.
이 모형 조립을 통해 유아들은 기어 구동과 회전 방향, 속도의 변화를 관찰하면서
자연스럽게 기어의 원리를 이해하게 된다.
정답이 있는 것이 아니라 다양한 형태를 만들고 디자인하는 과정이 포함되어 있어
미술 시간 같은 수학, 과학 수업이 가능하다.

놀이 같은 수업을 위한 장난감, *레고닥타*

미술시간 같이 재미있고 액티브한 수학시간을 상상할 수 있을까?
학교 다닐 적 수학시간과 과학시간을 생각해보면 답은 명확하다.
초등학교 1학년 자연시간에 사용했던 물체주머니에 대한 향수는 학생들의
기초과학교육 교재, 교구에 대한 무관심 속에서 그나마 과학적 흥미를 유발시킨
교구였었다는 점에서 우리의 열악한 교육환경을 여실히 드러나게 한다.
미국 MIT 미디어 랩과 공동으로 개발한 레고 닥타(Lego Dacta)는 과학, 수학 및
정보기술이 통합된 기초과학교육 도구로 이미 미국, 독일, 프랑스, 영국 등
세계 50여 선진국의 정식 학교 커리큘럼으로 채택되어 운영되며
그 우수성을 널리 인정받고 있는 교육용 완구이다.
스위스의 심리학자인 빠아제(Jean Piaget)의 구성주의(Constructivism) 지식이론을
바탕으로 MIT 미디어 랩의 패퍼트(Seymour Papert)교수가 새롭게 연구한
구성주의 교육이론에 근거해 디자인되고 제작된 레고 닥타 프로그램과 교재, 교구는
아이들 스스로가 창조적인 활동에 전념하는 과정을 통해 지식을 구성할 수 있도록 한다.
이것은 일반적인 레고 블록에 동력과 컴퓨터 센서를 결합, 기초기계 원리에서부터
구조, 에너지, 메카트로닉스, 컴퓨터 프로그램으로 컨트롤되는 로보틱스와 같은
첨단 응용과학 분야를 탐구할 수 있도록 만들어졌다. 연령별 소그룹으로 진행되는
프로그램을 통해 학생들이 완성한 제품을 보면 기존 레고 제품과의 차이를 느낄 수 없지만
레고 닥타는 완성보다 만들어지는 과정 자체가 중요한 교육 프로그램이다.
정답이 잇는 것이 아니라 스스로 구성하는 과정을 통해 과학 교육뿐만 아니라
디자인 교육 과정까지를 내포하는 진정한 교육용 프로그램이라고 할 수 있다.

레고 닥타 블록과 RCX를 이용해 로봇을 조립하고 로보랩 소프트웨어를 이용, 프로그래밍하는 과정을 통해 첨단 과학 기술인 메카트로닉스와 로보틱스의 개념을 학습하는 로보랩 시리즈.
국내에서도 해마다 열리는 로봇올림피아드가 레고 닥타의 로보랩 시리즈로 개최된다.

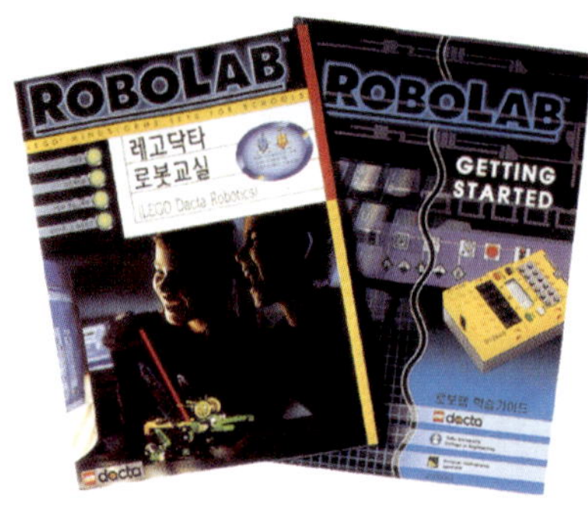

레고 닥타의 교재와 교구.
국내에서는 (주)러닝툴 레고 닥타 과학교육에서 교재를 개발하고 교사들을 양성한다.

유아용 기초기계시리즈 중 구성놀이 블록으로 조립한 학교 모형이다. 팀 작업으로 학교를 위한 문이나 급수대의 수도꼭지, 교단 등을 만들면서 생활 속의 과학의 원리를 이해하도록 한다.

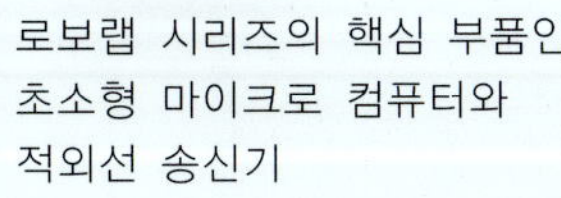

로보랩 시리즈의 핵심 부품인 초소형 마이크로 컴퓨터와 적외선 송신기

초등학교 교과 과정에서 다루는 구조, 지레, 도르래, 기어, 바퀴와 축, 에너지 등 기본적인 과학 원리의 내용을 일상생활에서 사용하는 기계 장치로 직접 조립, 관찰, 탐구하기 위한 프로그램으로 조립한 모형

레고 마인드스톰이 스타워즈 시리즈로 기획한
드로이드 디벨로퍼 킷(Droid Developer Kit)을 사용해 조립한 R202

어른장난감, *마인드스톰*

사회문화환경에 능동적으로 대처하는 제품 개발과 마케팅으로 잘 알려진 레고사는 이미 1980년도에 교육 제품 부문을 신설하면서 MIT 미디어랩의 패퍼트 박사와 10여 년의 공동 연구로 마인드스톰(Mindstorm)을 개발하였다.
이는 빠르게 발전하는 기술 변화 환경에서 증가한 로봇공학에 대한 관심과 새롭게 장난감 시장의 타깃으로 대두된 성인 시장에 대한 분석을 통해 출시된 제품이다.
기존의 레고 블록 시리즈와는 다른, 스스로 생각하고 움직이는 로봇 레고 마인드스톰 로보틱스 인벤션 시스템은 컴퓨터와 친숙한 신세대 층의 구미에 맞게 과학 기술을 접목, 레고와 컴퓨터를 함께 즐길 수 있도록 개발되었다.
그렇다고 복잡한 프로그래밍이나 공학적인 지식이 있어야만 즐길 수 있는 어려운 장난감은 절대 아니다. 마이크로 컴퓨터인 RCX와 레고 블록을 이용해 원하는 로봇 모형을 조립한 후 마인드스톰 시디롬의 소프트웨어를 이용, 자신이 만든 로봇 모형이 스스로 생각하고 움직일 수 있는 프로그램을 작성하고 작성된 프로그램을 적외선 송신기를 통해 컴퓨터로부터 마인드스톰의 두뇌라 할 수 있는 RCX에 다운 받는 것으로 로봇의 작동준비는 완료된다.
게다가 프로그래밍 과정 자체도 레고사와 MIT 미디어랩에서 개발한 아이콘으로 간단하게 완성할 수 있다. 이러한 프로그래밍을 통해 완성된 로봇은 단순히 움직이는 것에 그치는 것이 아니라 센서를 이용해 길을 따라 움직이고 방해물을 피하며, 빛의 변화에 반응하는 등 외부 환경을 인식해 상호 작동하게 된다.
스스로 조립하고 형태를 디자인하며 동작을 프로그래밍하는 과정을 통해 나만의 장난감으로 탄생되는 마인드스톰 로봇은 어른들에게 더 강한 매력을 느끼게 한다. 장난감이 더 이상 어린아이들의 전유물이 아님을 공식적으로 선언한 거의 첫 번째 제품인 것인다.

PC 카메라의 기능을 하는
레고 캠을 이용해 보다 다양한
기능을 가진 로봇을 조립할 수 있다.
레고 캠은 레고의 또 하나의
사업 부문인 비젼 커맨드(Vision Command)
부문에서 생산한다.

스타워즈 시리즈로 기획한
다크 사이드 디벨로퍼 킷
(Dark Side Developer Kit)으로
조립한 초기단계의 로봇과
마스터 단계의 로봇.

로보틱스 인벤션 시스템의
핵심 부품인 RCX를 장착한
기본적인 형태의 스페이스 로봇

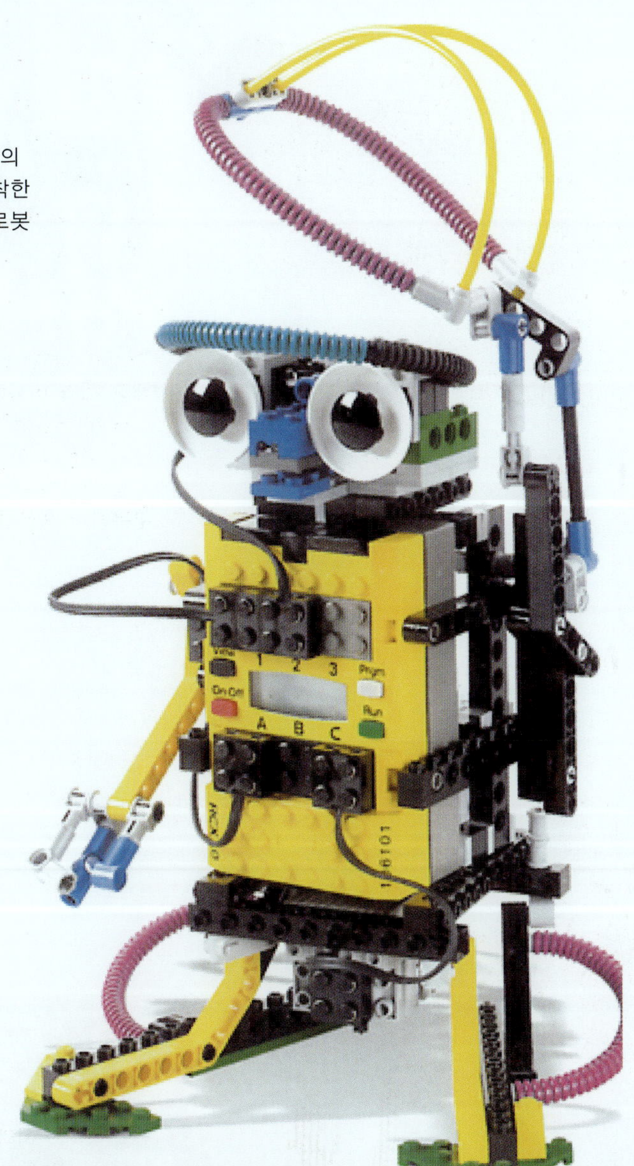

MIND STORMS...

로봇 프로그램은 PC에서 직접 만들어 USB 또는 블루투스로 전송할 수 있다. 다른 사람들이 프로그래밍한 로봇 프로그램을 인터넷으로 다운로드받아서 사용할 수도 있다

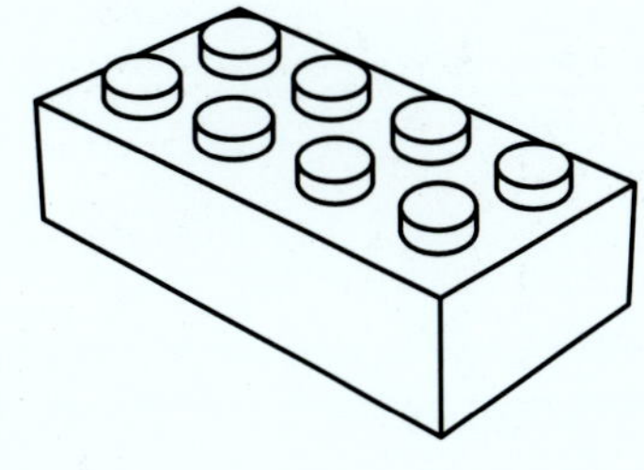

Stud와 Tube 시스템의 확장성

레고 브릭 위에 올록 볼록 튀어 나온 것을 stud라고 하고,
뒤집은 면에 있는 원통을 tube라고 한다.
'레고'라는 네덜란드어를 브릭형 완구의 대명사 혹은 '고유명사'로 인식하게 만든 것이 바로 이 stud와 tube라는 시스템으로 윗면에 2X4, 8개의 stud와 아랫면에 3개의 tube를 가진 기본형 레고의 공식 명칭은 〈3001 Brick 2 x 4〉 이며, 어린이들이 손쉽게 결합, 분해할 수 있는게 가장 큰 특징이다. 50년이 지난 지금 아직도 레고의 명성이 유지될 수 있는 기반 역시 당시로서 가히 혁명적이었던 stud와 tube 시스템에 기인한다.

우리가 일반적으로 알고 있는 기본형 레고 브릭의 크기는
가로 3.1cm, 세로 1.6cm, 높이 0.9cm(stud 포함시 1.1cm stud의 높이가 2mm)이지만 실제로 레고 브릭의 종류와 컬러는 수십만 가지가 넘으며, 다양한 조합을 통해 레고의 무한한 확장성을 보장해 준다.
여기에 단순한 브릭과 브릭 사이의 조립을 뛰어 넘어 마인드 스톰 시리즈에서 확인할 수 있는 것처럼 프로그램 가능한 레고 브릭은 이 확장성을 증폭시켜준다.

---

stud와 tube 시스템, 그리고 상상력을 뒷받침 해주는 무한한 확장성,
이 두 가지가 레고가 가진 생명력의 근본이라 할 수 있다.

'블럭으로 조립할 수 없는 것은 존재하지 않는다'

레고랜드 전경을
블록으로 형상화한 작품

레고랜드의 전경. 보통 1/40에서 1/60의 모형으로 축소하여 조립되는 블록들의 결합은 어린이들에게 꿈과 환상을 심어 주며 교육적인 효과가 크다.

레 고 랜 드(LEGOLAND)

1958년 갓프레드가 경영권을 인수할 즈음한 해 매출은 150만 달러를 넘어섰고, 1968년에는 최초의 레고 랜드를 개장함으로서 전혀 새로운 영역으로 진출하게 되었다. 덴마크에 들르면 누구나 한번쯤 방문하게 되는 곳,
그곳은 바로 레고 만든 도시인 '레고 랜드' 이며 안데르센의 고향이자 유년 시절을 보낸 오덴세에서 한 시간 가량 떨어진 빌운트에 자리하고 있다.
'손에 잡히는 동화 속 세상'으로 다양한 위락 시설과 세계적으로 유명한 건축물을 4천 50만개의 블록으로 재현해 놓아 관람객은 마치 자신이 걸리버가 된 듯한 느낌을 받는다. 보통 1/40에서 1/60의 모형으로 축소하여 조립되는 블록들의 환상적인 결합은 미국 서부 시대 인디언부터 유럽 중세의 다양한 건축물까지 옛 역사와 문화를 이해할 수 있는 모든 것들이 그 소재가 되어 아이들에게 흥미를 유발시켜 재미를 통한 학습과 교육의 장을 동시에 제공한다.
레고 랜드는 레고레도 랜드(Legoredo Land)를 중심으로 Imagenation Zone, Mini Land, Lego Explorer Land, Pirate Land, Castle Land, Ad venture Land로 나눌 수 있는데. 특히 정교함과 사실감이 뛰어난 타이타니아 궁전과 전 세계에서 약 1백여년간 수집한 1,400여 점의 희귀한 장난감들이 전시되어 있는 장난감 박물관 등이 대표적이며 1/20로 축소된 자유의 여신상을 만드는데 이용된 블럭은 140만개, 워싱턴 국회의사당을 만드는 데에는 25만 3천개의 블록이 쓰였다고 한다.
레고 블럭의 무한한 가능성을 입증한 레고 랜드는 아이들에게는 꿈과 환상을 부여하며 어른들에게는 잃었던 동심을 찾아 준다. 또한 장난감을 통해 인류 문명과 역사의 발자취 그리고 기술의 발전을 엿 볼 수 있는 장소로서 그 가치는 매우 높다

전세계에서 수집한 1,400여점의
희귀한 장난감을 전시한 박물관

역사와 문화의 발자취를 학습할 수 있는 다양한 블록 모형들

레고랜드를 방문한 이들에게 인기가 높은 타이타니아 궁전 모형. 보통 성인 키의 1/2정도의 크기에 궁전의 모습을 완벽하게 재현한 정교함이 탄성을 자아내게 한다.

미국 자유의 여신상 축소 모형
1/20로 축소, 사용 블럭은 140만개

L·E·G·O·L·A·N·D

환경을 생각하는 기업정신

레고의 모든 제품들은 무독성의 플라스틱 소재를 사용하며 어린이들의 미래를 생각하여 환경 보존에 무엇보다 세심한 주의를 기울인다. 특히 플라스틱을 폐기할 때 발생할 수 있는 환경오염을 최소화하기 위해 완벽한 재활용과 철저한 분리수거를 실시하며 포장 재질 또한 재활용이 가능한 특수 플라스틱 소재와 재활용 팩으로 제작된다. 환경을 생각하는 레고의 선진 기업 정신뿐만 아니라 이익의 사회 환원이라는 측면에서도 후한 점수를 받는다. 수십만 권의 장서를 자랑하는 빌운트 센터에 건립된 무료 도서관과 교회, 레고랜드 호텔 등은 기업의 성공이 지역사회에 미치는 다양한 혜택을 단적으로 보여주는 실례라 할 수 있다.

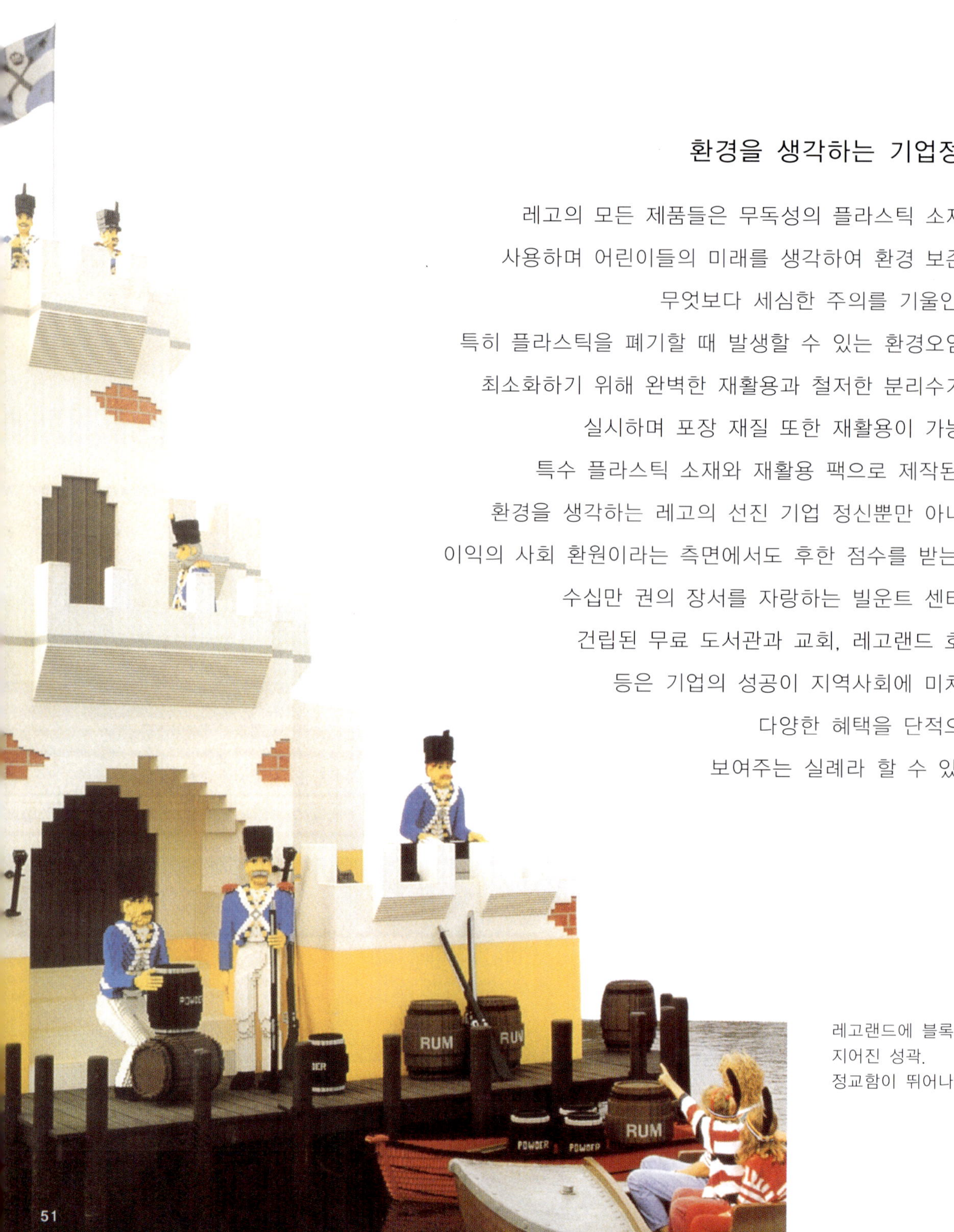

레고랜드에 블록으로 지어진 성곽. 정교함이 뛰어나다.

레고의 디자인 전략 '최고의 품질과 안전'

각 연령별, 단계별로 세분화되어 차별화된 전략을 추구하는 레고는 흥미로운 디자인을 개발하기 위해 500여 명에 달하는 디자인 전문 연구 인력들이 레고의 디자인을 책임지고 있다. 발생 가능한 모든 문제들을 철저히 검사한 뒤 비로소 소비자들에게 전달되는 레고의 제품들은 무엇보다 직접적인 소비자인 어린이들과의 커뮤니케이션을 중시한다. 연령별로 직접 아이들을 초청하여 합숙 기간을 거쳐 신제품에 대한 반응 등을 관찰하는 것은 레고 디자인의 가장 중요한 과정이다. 연구 과정에서 이들은 무엇보다 최고의 품질과 안전성, 그리고 교육적인 효과를 극대화할 수 있는 제품을 디자인하기 위해 철저한 검사 과정을 거친다. 5단계의 검사 과정을 거쳐 비로소 하나의 제품으로 완성되는 레고의 모든 제품들은 완벽한 자동화 시스템에 의해 블록이 만들어지고 수 십년간 축적된 레고만의 몰딩 기술이 다양한 입체 모형을 생산하는 비결이다. 바로 최고의 품질과 안전을 생각하는 이들의 철저함이 오늘날 레고의 성공 비결임은 물론이다.

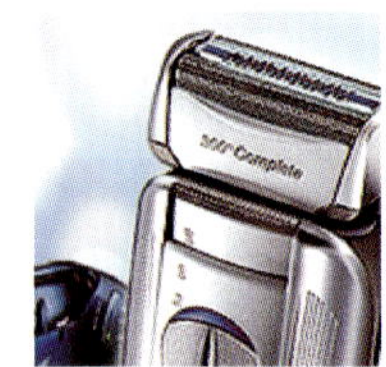

기능과 조형의 완벽한 조화

"The Spirit of Strictness, Purity and Functionalism"

Braun

독일

브·라·운·B·R·A·U·N

Braun Impression Line KF600(커피메이커)

독일은 고도의 합리주의와 실용성 및 기술에 바탕을 두고 기능과 조형이 조화되는 디자인의 모더니즘 미학을 이끌어온 나라이다.
그들의 디자인에서는 합리주의적 사고 속에서 우수한 기능과 기술, 고급 재료를 이용한 제품의 특징과 품질이 반영되도록 계산된 조형성과 더불어 순수하고 엄격한 이성적인 완벽미를 느낄 수 있다.
이같은 느낌은 브라운(Braun)의 인간공학적인 형태미를 비롯하여 고기능에 바탕을 둔 하이테크의 기능적인 형태미, 독일의 여러 주요 기업들이 채용하고 있는 헬베티카(Helvetica)체의 로고 타입에서 느껴지는 순수, 간결한 이미지에서도 잘 나타난다.
한마디로 '기능주의의 전통과 고도의 기술, 고난도의 제품에 바탕을 둔 깨끗한 미학'이 그들의 디자인 특징이라 할 수 있다.
특히, 소비 지향성이나 감성과 유행보다는 기능주의와 인간공학, 철저함 등이 발달한 배경에는 산업 초기 이후부터 다루던 아이템이 일반 가정제품보다는 의료, 실험기기 등 중화학 장비와 하이테크한 제품의 비중이 큰 데도 이유가 있다.
또한 독일 디자인의 원천으로는 독특한 제품개발이나 조형이념과 함께 전문성과 협동성, 그리고 전체의 질서와 일관성을 중시하는 자세를 들 수 있다.

생활의식과 디자인 교육, 산업의 조화

합리적이고 실용적인 디자인관은 그들의 생활 의식과 디자인 교육, 산업, 진흥 등 복합적인 요인이 함께 잘 어우러진 결과라고 할 수 있다.
즉, 루터의 종교개혁에서 볼 수 있는 실용주의 정신이 오늘날에도 면면히 이어지며, 독일 연방 공화국이라는 국명에서와 같이 지방분권과 전문 분야의 분화에서 나오는 전문성이 특히 발달해 왔다. 또한 기적적인 경제 부흥을 가능케 한 근면성과 정확성, 치밀성을 요구하는 고도의 기술을 갖고 있으며, 이와 함께 과학적 사고와 완벽주의를 지향하는 엄격함과 진지함이 확고한 전통으로 되어 있다.
한편 산업혁명 이후, 일찍이 독일공작연맹(Deutscher Werkbund, 1907))에서 출발한 산업과 예술의 조화에 의한 기계미학의 조형이념은 바우하우스(Bauhaus, 1919)의 기초공방교육을 중심으로 다양하게 실험되었고, 울름조형대학은 이를 발전시켜 산업과 인간에 보다 밀착된 실용적, 통합적, 과학적 관점의 디자인 교육을 통해 산업시대 이후의 디자인방향을 주도했던 것이다. 그리고 이들 교육의 이념은 브라운 같이 디자인을 중시한 기업들에게 연결되어 현재까지 세계의 디자인을 이끌어나가고 있다.

'실용성과 기능성에 바탕을 둔 장식없는 엄격한 형태가 아름답다'

이성주의와 하이테크의 조화

이성적으로 엄격하고 통일된 기능주의 디자인

과학적으로 사고하고 모든 문제를 과학적으로 처리하려고 하는 과학의 뿌리 깊은 생활화,
어떤 사물이나 사상에서 작은 일에까지 분명하고 논리정연하게 정의하고 규정하고자 하는 노력,
완전지향적인 엄격함과 진지함 등이 독일의 문화코드이다.
철두철미하고 근본적으로 모든 것을 해결하려는 국민성에 바탕을 두고 있다.
또한 엄격한 경제정책에 바탕을 둔 분업화 ,전문화가 이루어져 법률이나 행정체제 등
모든 공공부분에서 개인에 이르기까지 각기의 권한과 책임, 행동 범위의 한계가 명확하게
규정 지워지고 국민들은 그 테두리 내에서 움직여진다.
단지 변화를 위한 변화를 취하지 않으며, 기능과 무관한 스타일을 무작정 받아들이지 않는다.
즉 형태와 유리되지 않는 기능주의가 얼마나 시각적 매력에 영향을 줄 것인가에 관한 노력이
독일 디자인의 특징을 나타나게 한다.

Braun의 초기 제품군

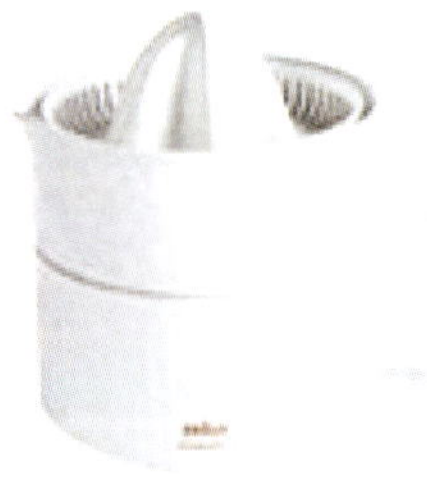

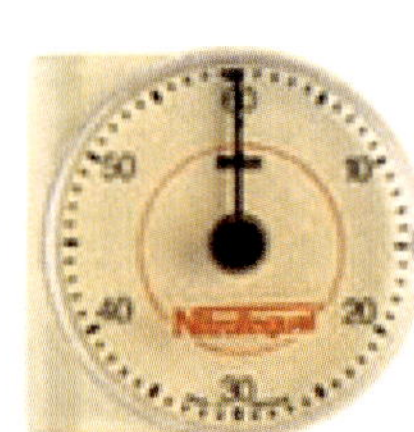

기능성, 순수함, 명백함

독일 가전 명품 회사인 **브라운(Braun)사**는 디자인이란 소비자가 원하는 것이 무엇인지를 쫓아다니는 것이 아니라, '실용성에 바탕을 둔 인간의 편리성 추구' 를 이념으로 하면서 울름과 자연의 조형원리에 입각한 '기능, 단순, 질서, 경제' 등을 조형 방법으로 정립하고 스위치 하나에서부터 보이지 않는 부분의 나사 하나에 이르기까지 전체의 질서 속에 포함시켜 디자인해왔다.
그 결과 브라운 조형의 엄격함은 아름다움과 동의어가 되기도 했고, 디자인계에서 가장 주목받는 기업으로 자리 잡게 되었다.

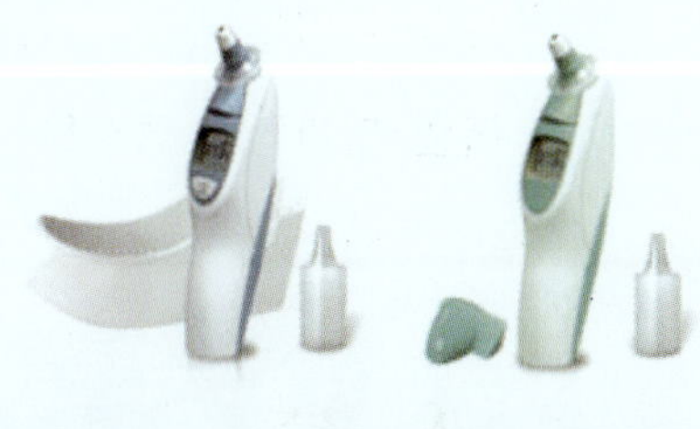

Themo Scan IRT4520

전세계 가정과 병원에서
가장 많이 사용하고 있는
브라운의 귀체온계

HT600(토스터기)

Impression Line

WK600(전기주전자)

KF600(커피메이커)

찜기(Multi Gourmet) FS20

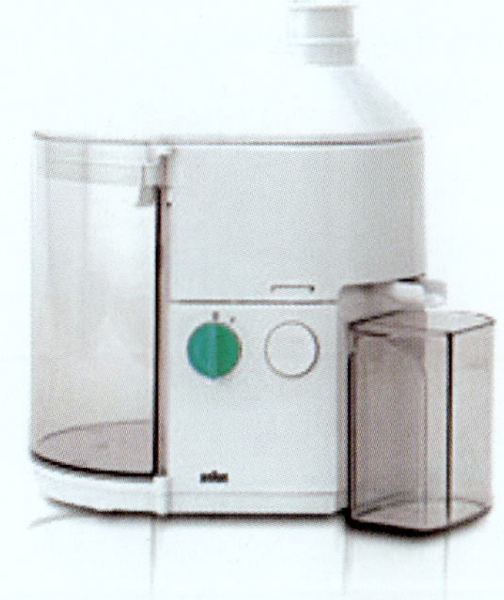

주서(Juicer) MP80

믹서(Power Blender) MX2000
– 핸드블렌드

개인 맞춤형 전기면도기 컴플리트(Complete) 360 °

밀착력과 편안함, 편리성까지 면도의 삼박자를 갖춤.
LCD 창을 통해 개인의 면도시간 및
마지막 면도 시간, 마모된 망과 날의 교체시기를
알려주는 기능(Foil &Cutter replacement)이 내장.

크루저(cruZer) Series

XP 2 – 5775 방수면도기

포켓고(Pocket Go) 550

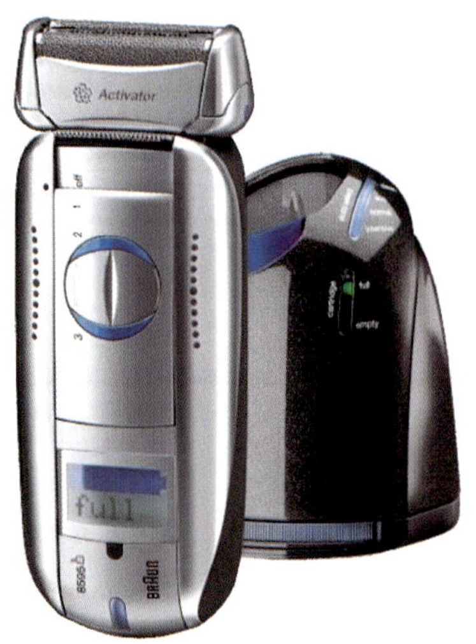

Activator SY8595

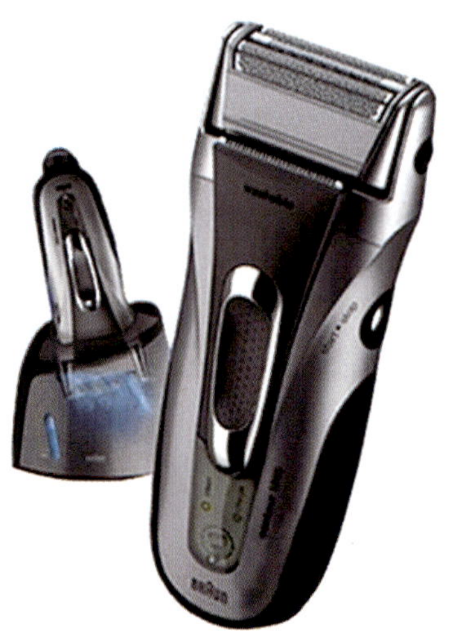

컨투어(Contour) 5895

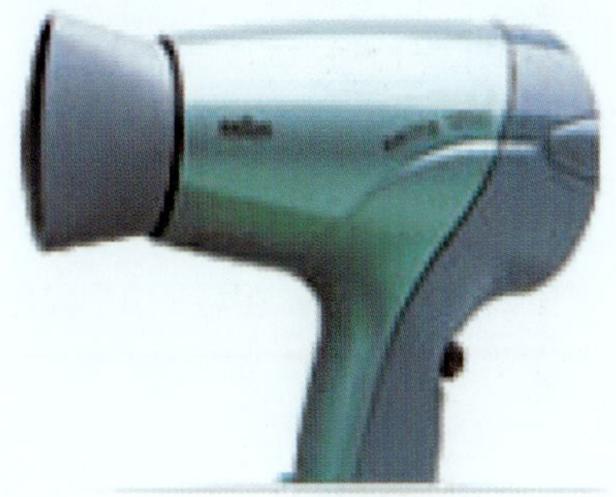

Swing B1200

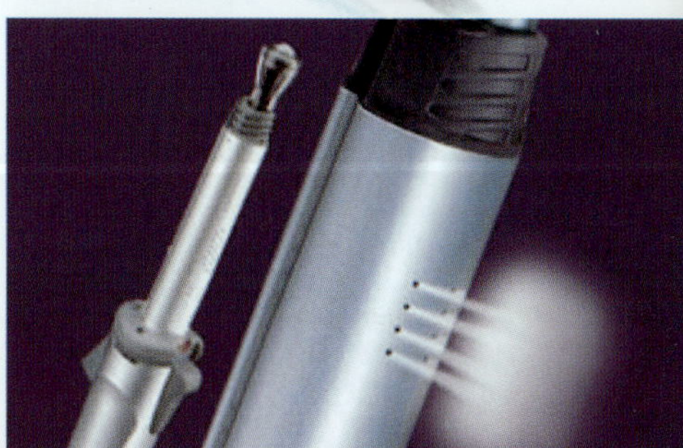

Hair Styler C20 Upgrade

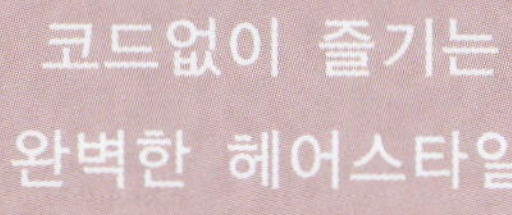

디터람스의 기능주의적 디자인 의식

브라운사의 새로운 제품이 기획, 디자인되고 생산되어 나올 때마다 우리에게 디자인 영감을 불어넣어 주기에 충분하다.

이 회사의 디자인 부서를 이끌며 브라운의 디자인을 떠올리게끔 만든 장본인이 있는데, 그가 바로 디터 람스(Dieter Rams)이다.

그의 디자인은 기능주의의 조형적 개념의 전개 과정에서 영향을 받았으며 또한 변화되고 확장된 기능주의의 윤리적 조형의식의 변화에 맥을 같이한 디자이너로서 디터 람스가 제언한 굿 디자인의 10가지 제언은 아래와 같다.

이것은 브라운사의 디자인 부서 동료와 함께 늘 공유했던 브라운의 디자인 철학이었다.

① Good design is innovative (좋은 디자인은 혁신적이다)

② Good design is enhances the usefulness of a product
(좋은 디자인은 제품의 유용성을 높인다)

③ Good design is esthetic (좋은 디자인은 심미적이다)

④ Good design makes a product understandable and heightens the quality of self-explanation
(좋은 디자인은 제품을 이해할 수 있도록 만들고, 자기적 설명의 질을 높게 한다)

⑤ Good design is unobtrusive(좋은 디자인은 강제하지 않는다)

⑥ Good design is honest(좋은 디자인은 정직하다)

⑦ Good design is enduring(좋은 디자인은 영속적이다)

⑧ Good design is consistent to the last detail(좋은 디자인은 마지막까지 철저하다)

⑨ Good design is environmentally friendly(좋은 디자인은 환경친화적이다)

⑩ Good design is as little design as possible(좋은 디자인은 가능하면 최소로 디자인한다)

Phonosuper, 1956

계산기, 1978

디터람스가 참여한 새로운 개념의 디자인(개발 당시 기준)

휴대용 전화

헤어드라이어

SY 7630

Aroma Passion KF550

Aqua Express WK210

Opti Style SI3230

하이파이 오디오, 1980

브라운은 50년대 중엽에 디터 람스(D.Rams)를 영입하면서 울름조형대학 출신의 학생들과 교수진에게 디자인 프로젝트를 발주하기도 했다. 이때부터 브라운이 제조한 모든 라디오, 하이파이 세트, 푸드 믹서, 면도기는 마지막 시각적 세부에 이르기까지 조화나 비례 등의 추상적인 형식 원리에 관련 지어서 분석할 수 있는 순수 형식이 구사된 것이었다.

울름조형대학은 1968년 문을 닫았음에도 불구하고, 그 엄격성과 순수성, 그리고 기능주의의 정신은 전 세계의 디자인과 관련된 회사들 특히, 브라운사에 의해 계속해서 고수되어 오고 있다.
브라운은 가정용품의 형태, 스타일과 기술 변혁의 전 세계적인 전례를 만들어내어 폭넓게 모방되고 있다.
전형적인 무광택의 검정색은 그것의 품질과 동의어가 되었고 그 엄격성은 아름다움과의 동의어가 되었다. 그러나 최근 들어 조금씩 색상을 가미하고 (버튼이나 스위치) 상품에 좀 더 인간적인 느낌을 넣어 포스트 모더니즘에 대한 양보를 보이고 있다.
50년대 이후 디터 람스의 자문을 받고 있는 브라운은 전 세계로부터 특출한 디자이너들을 고용함으로서 회사의 생존을 확고히 하고, 이들이 개발한 새로운 상품들은 세계 시장에서 꾸준히 인정받고 있다.

감성디자인과 창조적 파괴

"Change the world by bringing computer to masses

Apple

미국

애·플·A·P·P·L·E

비즈니스 중심의 상업주의적 실용 디자인

다른 국가에 비해 역사적인 전통은 없으며, 다양한 인종에 의한 혼합 문화가 합리주의와 실용성 그리고 능률을 바탕으로 새롭게 형성된 것으로 **미국**의 문화적 특성은 자본주의와 민주적 자유사상이 지배적이다. 또한 유럽의 관습과 귀족중심사회에서 탈출하여 실용주의(프로테스탄티즘)의 철학과 산업의 발달로 대량생산을 중심으로 대중생활을 위한 대중문화라는 대량화의 신화를 낳았으며, 산업에 있어서 대량 생산 제품은 자유경쟁 시장에서 승리할 수 있는 제품형태를 요구하게 되었고 대량 전달이라는 수단을 통해서 대중 문화라는 산업사회의 특징을 반영하는 방향으로 창조되어 갔다. 실용주의적 입장에서 기능성과 경제성을 추구하여 왔으며 실생활을 위한 창조가 사회의 요구를 반영하는 것이라는 관점에서 이루어졌다. 또한 거대한 산업구조를 바탕으로 하는 대량생산과, 대량공급, 대량소비라는 사회를 배경으로 성숙되었으며, 상품판매와 경제성장을 극복하기 위해 자본주의에 적합한 디자인을 모색하여 판매증진을 위한 수단으로 사용함으로서, 미국적인 비즈니스, 즉 상업주의적 모던 디자인을 실현하였다.

스티브 워즈니액(Stive Wozniak)와 스티브 잡스(Stieve Jobs)

미국 기업계의 히피

애플컴퓨터는 1976년 미국 캘리포니아주에서 스티브 잡스(Stieve Jobs)와 스티브 워즈니액(Stive Wozniak)이 설립한 개인용 컴퓨터 제조 회사로 누구나 손쉽게 컴퓨터를 접할 수 있도록 보급하며 컴퓨터의 위상을 일신시켰다.
8비트 퍼스널 컴퓨터인 '애플 I'을 시작으로 '애플 II', '애플 IIe'와 16비트 컴퓨터인 '애플 IIgs'까지 컴퓨터 산업계를 주도하였다.
특히 1980년대 국내에서도 선풍적인 인기를 끌었던 '애플 II' 시리즈는 세계적으로 5백 50만대가 판매되었고 컴퓨터 시장을 20%나 차지하며 애플 매니아들을 만들어냈다.
애플소유자들은 넥타이와 양복바지 대신 진 바지와 운동화 차림에 그 나름의 독특한 태도를 보이며, 아이덴티티까지 드러내 주었다.
이후 두 설립자는 헤어져 워즈니액은 교사가 되었고, 잡스는 계속해서 애플 매킨토시를 내 놓으면서 컴퓨터 업계를 제패하겠다는 의욕을 보였다. 그러나 왕관은 빌 게이츠에게 돌아갔다. 컴퓨터 구매자의 80%가 빌게이츠의 MS-DOS를 운영체제로 활용했기 때문이다.
잡스 또한 1985년 애플을 떠나 새로운 사업을 시작했고 경쟁사들의 호환기종 생산을 허락한 IBM과 마이크로 소프트의 전략에 밀려 점차 내리막길을 걸어오다가 급기야 1997년에는 미국PC 시장에서 점유율 3.4%를 기록, 통계자료에서 '기타' 업체군으로 분류되는 수모를 겪게 된다.

창조적인 디자인 구현

12년 뒤 다시 "임시 CEO"란 직책으로 복귀한 스티브잡스가 자사의 비전을 확실히 하기 위해 불확실한 미래시장을 디자인으로 구체화시켰다.
고객에게 새롭고 친숙한 이미지를 전달하고 새로운 시장을 창출하는 것.
이것이 애플사의 새로운 테마였고, 이것은 기업에 혁신을 가져왔으며 애플의 신화를 다시 재현하고자 나온 것이 바로 아이맥(iMac)이다. 아이맥을 광고하는 포스터에는 애플로고와 함께 "생각을 바꾸자"라는 슬로건이 들어있었다.
이 같은 광고캠페인에는 애플이란 브랜드의 지속적인 소구력이 그대로 응축되어 있다.
그동안 사람들은 PC를 고를 때 디자인보다는 가격이나 성능을 우선시 하였으나, 아이맥의 출시로 디자인이 가장 중요한 요소로 자리 잡았으며 투명디자인 사용은 1998년 후반부터 컴퓨터 업계의 주요 디자인 컨셉트로 자리잡았다.

iMac 큐브

iMac 블루 달마시안

iMac 노트북

iMac G4

Think Different & User Friendly

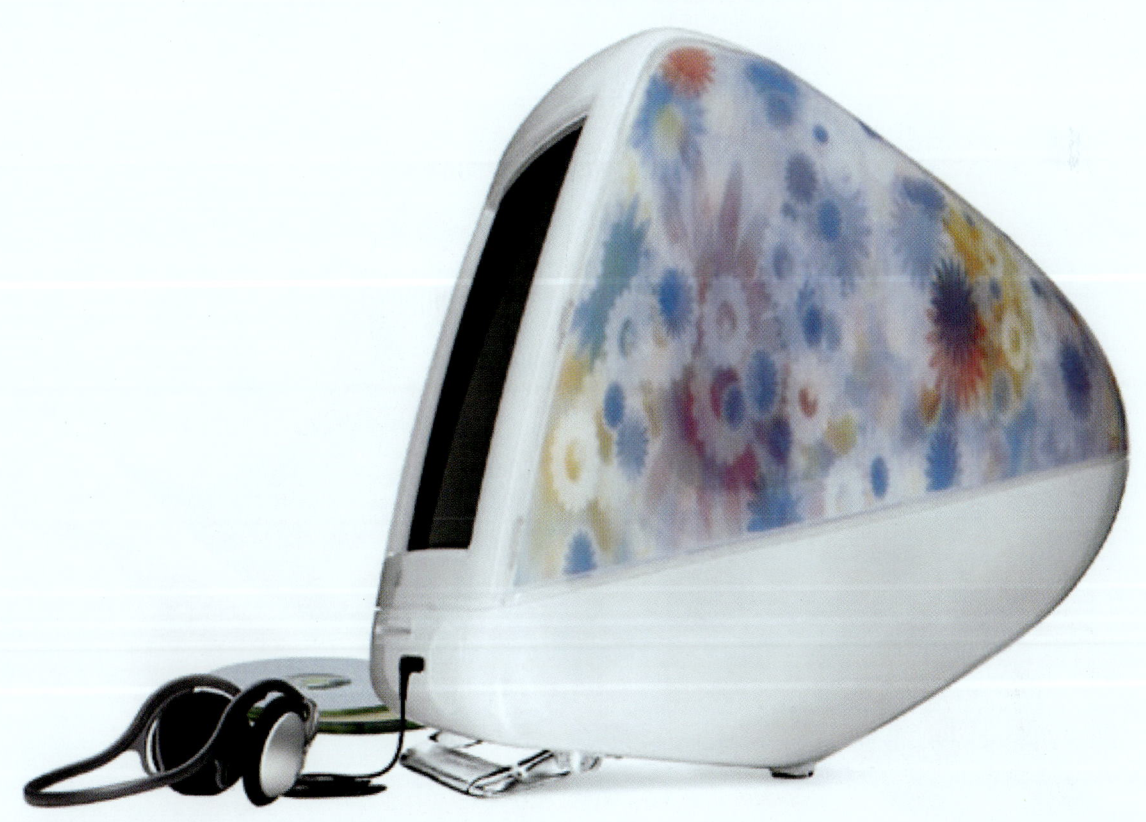

iMac 시리즈

감성디자인

아이맥은 제품의 기능에 치중하는 보수적인 생각에서 벗어나서 창의적인 스타일의 개발로 컴퓨터라는 기계에 대한 생각과 생활을 바꾸었다.
고객이 편안하고 쉽게 사용할 수 있도록 사용자 중심의 디자인과 테크놀러지를 결합한 아이맥은 가장 빠르고 쉽게 인터넷을 할 수 있는 지름길 'Internet Macintosh'란 의미로 다음과 같은 혁신적인 특징들을 가지고 있다.

- 정면보다 측면, 윗면의 모습이 더 인상적
- 애플 마크의 상징적 부각
- 투명 컨셉트를 적용한 최초의 개인용 컴퓨터
- 본체와 모니터의 일체형 스타일
- 특유의 부드러운 곡선과 다양한 컬러 적용
- Simplicity(단순함), Easyness(편리함), Peformance(성능), Internet(인터넷), 등 차세대 컴퓨터가 가져야할 여러 부분들을 소화하는 기능

스티브 잡스의 경영철학

1. 경영은 기존 질서와 '철저히 다르게'
2. 잘 할 수 있는 분야를 선정해 직접 몸으로 뛰어라
3. 항상 새로운 것에 주의를 기울이고 포기하지 마라
4. 기술력을 과신하기보다 소비자 눈높이에 맞춰라

국내에서도 8비트 컴퓨터 시장의
시초가 된 애플 II 컴퓨터

애플컴퓨터는 하드웨어와 소프트웨어에서 두 번의 큰 변화를 거쳐 지금의 애플컴퓨터로 거듭날 수 있었다. 처음의 한번은 8비트 컴퓨터인 애플 컴퓨터에서 32비트 컴퓨터인 애플 매킨토시로 변경된 것이고 다른 한번은 애플 매킨토시의 맥오에스(MacOS)가 유닉스 기반의 맥오에스텐(Mac OS X)으로 변경된 것이다.

특히, 맥오에스텐은 현재 최고로 아름답고 사용하기 쉬운 운영체제라는 주목을 받고 있다.

애플컴퓨터는 현재 하드웨어와 소프트웨어를 모두 개발하고 있으며 하드웨어는 아이맥과 파워맥과 같은 데스크탑 시스템과 파워북, 아이북과 같은 포터블 시스템, 그리고 시네마 디스플레이와 같은 주변기기를 모두 제작하고 있다.

특히 아이팟과 같은 MP3 플레이어는 애플컴퓨터를 일반인들에게 알리는 핵심이 된 하드웨어이다.

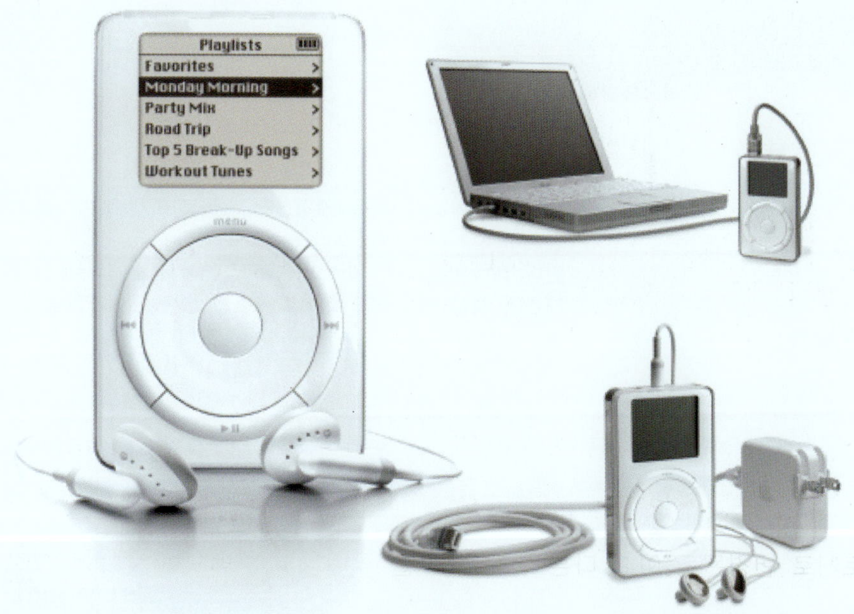

플래시 메모리 형식에서 벗어난 하드디스크형으로 디자인과 기능에서 많은 이들의 관심을 사로잡은 아이팟(iPod) MP3 플레이어

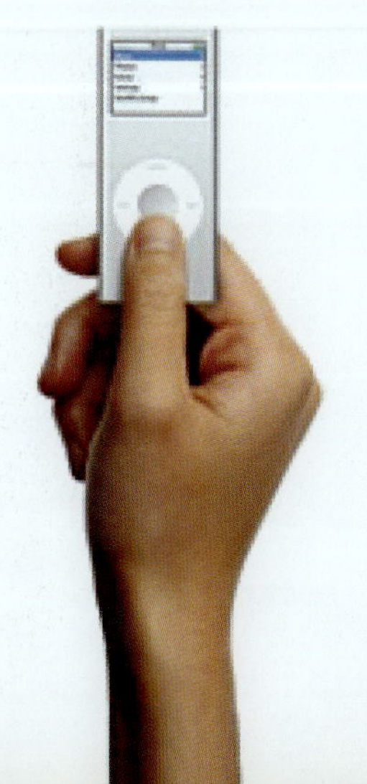

아이팟(iPod) 시리즈

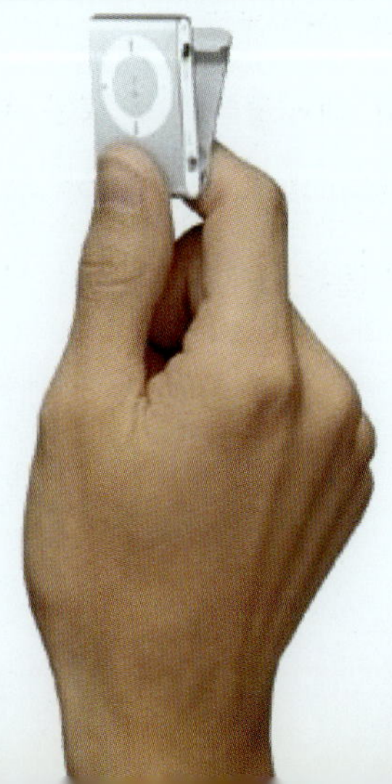

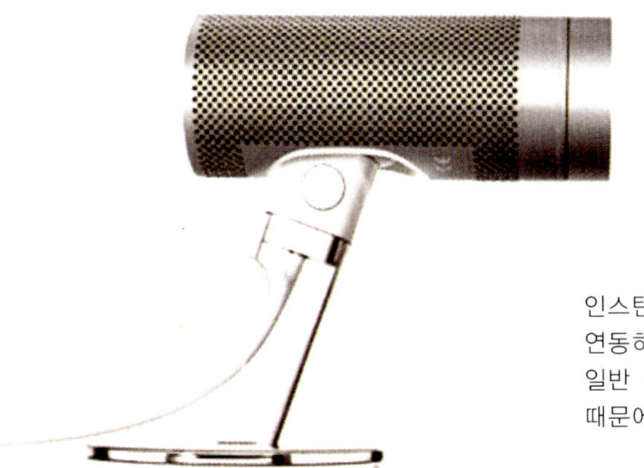

인스턴트 메시지 어플리케이션인 애플 아이챗AV(iChatAV)와 연동하는 포터블 카메라.
일반 웹 카메라와는 달리 사용자 정면에서 눈높이로 장착되기 때문에 직접 마주보고 대화하는 듯한 환상을 일으킨다.

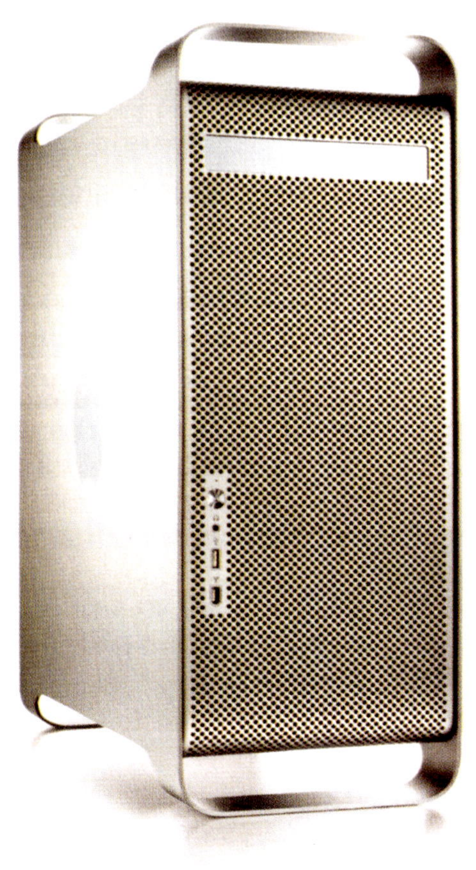

엔지니어링과 디자인이 서로 조화를 이룰 때 어떤 결과가 나오는지를 보여준 사례이다. G5는 알루미늄에 쌓여 시각적으로 유연하게 보일뿐 만 아니라 사려깊고 혁신적인 사용자를 위한 것처럼 보인다. 냉각 시스템이나 내부의 부품 마운팅 같은 기술적 요소들도 최상의 조건으로 처리되었다. 미세한 부분까지 디자인하라는 애플의 철학 그 자체를 보여주고 있다.

Mac Pro

애플 심벌마크의 유래

애플의 심벌마크인 '한입 베어 먹은 사과' 에 대한 설은 여러 가지다.
그 가운데 자주 언급되는 것이 천재수학자 앨런 튜링에 관련한 이야기다.
옥스퍼드대 교수였던 튜링은 1940년 독일군의 암호를 해독하는 컴퓨터를 개발해
연합군 승리에 결정적으로 기여한 인물이었다.
그러나 동성애자인 그는 1952년 영국 정부에 체포됐고 괴로워하다 결국 청산가리를 넣은
사과를 먹고 자살했는데, 애플의 창업자인 스티브 잡스가 평소 불운한 천재수학자
앨런 튜링에 대한 존경심을 표하고자 회사 심벌마크에 재치있게 담았다.

매킨토시란?

1984년에 만들어진 최초의 그래픽방식(GUI)으로 된 컴퓨터
종전에는 많이 썼으나, 지금은 IBM컴퓨터가 대세이며 미국에서 많이 사용하고 있다.

마이티 마우스(Mighty Mouse)

운영체제(OS) '맥'과 '윈도' 기반 PC 양쪽 모두에서 사용할 수 있는 제품. 단순함의 미학을 살리면서도 사용자 편의는 그대로 유지했다.

일체형 PC 아이맥 G5

1/2인치 얇아지고 15% 가벼워진, 슬림한 일체형 디자인
비디오카메라 내장으로 4인까지 화상 채팅, 회의 가능
포토부스 및 프론트로의 혁신적인 기능 탑재
자유로운 무선 컨트롤

Mac Book Pro

인텔의 코어 듀어 프로세서를 채용한 노트북
해상도가 67% 밝아진 것이 특징

The smarter, faster,
do everything **MacBook**
Now with Intel Core 2 Duo.

Mac Book

iPod U2 Special Edition

글로시한 검정색과 선명한 붉은색 클릭 휠이 돋보이며, 뒷면에는 U2 멤버들의 사인이 새겨져 있다. 30GB에 이르는 저장 용량으로 최대 7,500곡의 음악과 40시간 분량의 동영상을 저장할 수 있다.

iPod nano

iPod shuffle

iPod

iPod nano

iPod shuffle

슬림형의 산뜻한 디자인과 색상, 음악을 검색할 때 쓰는 클릭 휠(Click Wheel)을 액정화면 하단에 배치하는 혁신적 디자인으로 2001년 출시된 아이팟은 최초 개발의 Mp3도 아니고 저가형이 아님에도 불구하고 전세계 젊은이들의 감성을 사로잡는데 성공하였다. 패션 악세서리로 사용해도 손색이 없어 겉으로 드러내기 좋아하는 젊은 문화를 대변하는 아이콘으로 자리매김하였다.
또한 꾸준한 제품 업그레이드를 통해 현재 플래시형 8GB 아이팟나노는 물론, 80GB의 대용량으로 동영상 기능을 갖춘 아이팟과 성냥갑 크기의 초소형 아이팟셔플 등 신제품을 지속적으로 쏟아내 경쟁사들과의 격차를 점점 벌리고 있다.

Wheel

80GB iPod
스크린 대형화
동영상 기능

8GB iPod nano
플래시형
알루미늄케이스

iPod shuffle
초소형
성냥갑 크기

Mac mini

새로운 테마의 디자인 혁신

스티브 잡스는 아이맥(iMac) 출시 후, 1997년에 10억 달러의 적자를 기록했던 애플사를 단 1년 만에 아이맥을 200만대나 판매하며 주가를 9배로 끌어 올려 4억 달러 가까운 흑자를 만들어냈다. 또한 애플에 대한 주요 고객들은 그동안 매니아에 어느 정도 한정되어 브랜드 충성도가 높은 편인 장점도 있었으나, 아이맥 출시 후 가장 고무적인 것은 아이맥 매출의 약 40%가 신규 고객이라는 점이다. 이는 애플 브랜드가 새로운 세대의 컴퓨터 고객을 끌어들일 수 있음을 보여주는 계기가 되었다.

이후 컴퓨터의 창조적 기술과 디자인을 바탕으로 플래시 메모리 형식에서 벗어난 하드디스크형 MP3 플레이어인 아이팟(iPod)을 성공시키는데 큰 영향을 끼치게 된다.

애플컴퓨터에 대한 관심이 그 어느때 보다 높아지고 있다.

비록 국내에서 윈도우 운영체제의 보급화와 대중화로 애플컴퓨터는 출판이나 음악과 관련한 작곡 외 특히, 그래픽디자인의 특수 분야에서만 사용되고 있으나 미국이나 유럽쪽에서는 컴퓨터 사용자의 상당수가 애플컴퓨터를 사용하고 있다.

기술을 예술작품으로 승화

"Provocation, Innovation, and Fun – Forever"

Swatch

스위스
스·와·치·S·W·A·T·C·H

시장은 늘 불확실하다.
분명한 것은 하나다.
소비자는 가격 이상의 가치가
있다고 생각되는 물건만을
산다는 것이다.

– 니콜라스 하이에크 –
(스와치 현 그룹 회장)

정교하고 세밀한 기술을 표출하는 정밀디자인

스위스는 유럽 대륙의 중앙에 위치한 지리적 배경으로 외국 문화가 끊임없이 유입되어 왔기 때문에 다채로운 문화가 형성되었다.

또한 중립을 지키는 민주주의 국가로서 어느 문화에도 치우치지 않는 공평성과 정당성이 매우 강한 의식으로 자리 잡고 있다. 국토의 대부분이 고산지대인 알프스 산맥에 둘러 쌓여있어 지질, 지형, 기후적으로 불리한 자연환경에 의해 지역 중심으로 발달한 관계로 지역적인 특성화가 강하게 나타나고 있으며, 산업의 분산과 집중에 의해 한 가지 분야에 숙련되고 정밀화 된 노동 집약이 가능하게 되었다. 따라서 고도의 과학 기술과 부가가치 높은 정밀 산업을 바탕으로 정교하고 세밀한 조형의식을 갖게 되었다.

따라서 스위스 디자인의 특징은 인간의 정교한 기술을 함축하고 있으면서 기능적인 단조로움을 다채로운 문화적인 요소로 극복하고 있다.

"좋은 시계 말고 잘 팔리는 시계를 만들어라"

스위스 비엘(Biel)에 위치하고 있는 **스와치 그룹**은 50여개 국가에 440개 이상의 사업장과 2만여명의 종업원, 연 매출 4조원 (2002년 기준)에 이르러 전 세계 시장의 25%를 점유하고 있는 세계 최대의 시계 전문 그룹이다.

18개 시계 브랜드에 자체적인 영업망, 완제품과 핵심부품 등을 직접 생산, 유통하고 있어 소비자의 기호와 다양한 가격대를 제공하여 소비자 니즈를 만족시키고 있다.

그러나 위기가 없었던 것은 아니다.

1970년대 중반까지 스위스는 세계 시계 산업의 1/3이상을 독차지하고 있었으며, 권력과 부의 상징으로 최고라는 명성도 얻고 있었으나 1970년대 후반부터 심각한 도전에 맞닥뜨린다.

스위스가 자존심을 내세우면서 사치품의 고가 제품에 목을 맸던 것과 달리 일본과 홍콩의 제조업자들은 대량 생산과 판매에서 해답을 찾아 일상용품의 저가형으로 승부하기 이른다.

결국 80년대 초 세계 시장에서 차지하는 비중이 43%에서 15%로 뚝 떨어져 일본과 홍콩에 이어 3위로 추락 하였으며, 또한 그 당시 처음 소개된 전자 시계의 인기도 결코 무시할 수 없었다.

몇 년만에 스위스의 시계 산업 종사자는 9만 명에서 4만 명으로 줄어 들어, 오랜 명성과 자부심이 무색하게 사양 산업으로 전락할 운명이었다.

니콜라스 하이에크
(현 스와치 그룹 회장)

스위스 시계 산업의 회생 방안을 의뢰받은 컨설팅 회사인 하이에크 엔지니어링은 살아남으려면 시장에 귀를 기울이라고 주문했다.

이제 좋은 시계를 만드는 것과 돈을 잘 버는 것은 아무런 관계가 없다.

잘 팔릴 수 있는 시계를 만들고 실제로 잘 팔아야 한다. 라고.....

하이에크의 충고를 받아들인 스와치 그룹은 5년의 준비 끝에 1982년 40달러의 저렴한 가격에 정확성은 물론, 방수와 방충 기능을 갖춘 시계를 선보이게 된다.

일본과 홍콩 시계가 75달러 가까이 하던 시절 스와치 그룹의 모험은 자못 충격적이었다.

단순히 가격을 낮추는 것뿐만 아니라 그 과정에서 대대적인 공정 개선과 원가 절감의 노력이 따랐음은 물론이다. 이른바 하이에크 리포트가 내놓은 피라미드 전략은 다양한 상표를 명확하게 차별화하고 저가와 중가, 고가로 나누어 경제적 환경이 다른 수많은 사람들을 모두 고객으로 끌어안는데서 출발한다.

100만 달러를 넘어가는 플랑팡 같은 고가 상표 시계에서 수입을 극대화하더라도 50달러 미만의 저가 시계도 결코 소홀히 할 수 없다는 계산을 한 셈이다.

하이에크는 세계 시계 시장의 90% 이상을 차지하는 저가 시계를 제대로 잡지 못하면 스위스 시계 산업의 미래는 없다고 거듭 경고했다.

전향적 발상과 차별화 전략

저가 상표 시계를 차고 있는 수많은 사람들은 모두 고가 상표 시계의 잠재 고객이 될 수 있다. 설령 고객이 되지 않더라도 막연한 선망, 그것만으로도 고가 시계의 가치는 한참 올라간다. 저가 시계는 또 나름대로 고가 시계의 명성을 덤으로 얻고 시장의 믿음을 쌓아 나갈 수 있다. 피라미드는 그렇게 가치를 확대 재생산시킨다. 일본과 홍콩이 한때, 스위스를 넘볼 수 있었던 것은 이 같은 피라미드의 밑바닥이 취약했기 때문인데, 스와치사가 뒤늦게 파격적인 가격으로 물량 공세를 펼치면서 밑바닥을 다졌고 빼앗긴 시장과 명성을 되찾을 수 있었다.

100만 달러를 넘나드는 블랑팡이나 오메가의 직원들은 연령이 높고 고급 정장에 저명인사들을 만나며. 100달러 이하의 저가 패션시계를 만드는 스와치의 경우는 10대 후반, 20대 초반의 직원들이 캐쥬얼 복장으로 일한다. 상표에 따라 전략이 모두 제각각인 셈이다.

또한 블랑팡이나 오메가는 우수 모델이 한번 나오면 2~3년 동안 모델을 바꾸지 않는다. 그러나 스와치는 빠르면 3개월 만에, 보통 반년에 한번씩 모델을 교체한다. 매년 봄, 가을에는 새로운 기능과 디자인을 가진 신제품 100개씩을 출시하고 기발한 아이디어들을 선보인다. 해마다 200개가 넘는 신제품 모델을 쏟아내지만 모델1 개당 대략 3만5천개의 시계를 생산하고 나면 폐기 처분함으로서 자연스럽게 희소성을 갖는다.

이러한 전향적 발상과 차별화 전략 덕분에 다양한 고객들을 모두 끌어안을 수 있게 됐으며, 대량 생산과 판매 시대에 누구도 접하기 어려운 새로운 진입 장벽을 만들어 냈다.

쇠락 위기에 놓인 스위스의 시계 산업을 중흥시킨 것은 물론이고, 명실상부한 세계 제1의 시계 그룹이 됐다. 스와치 그룹의 역사는 현대 시계의 역사라고 해도 될만큼 파란만장하다. 스위스의 시계 산업은 이제 세계 시계 시장의 51%를 차지할 만큼 예전의 명성을 회복했다. 스와치 그룹의 세계 시장 점유율은 25%에 이른다. 2000년 기준으로 세계를 통틀어 판매된 스와치 시계는 2억5천만개를 넘어선다.

스와치 그룹의 컨설팅을 맡아 스위스 시계 산업에 대안을 제시했던 하이에크는 1986년 직접 자본을 끌어들여 지분을 인수하고 스와치 그룹의 회장으로 취임한다.

swatch
SWISS
Base 1000
HOURS
MINUTES
swatch
SWISS
Base 1000

“시장의 저변을 다져라”

"시계를 팔지 말고 이미지를 팔아라"

세계에서 가장 사랑 받는 디자인 시계 스와치

스와치 그룹의 성공 비결은 단순한 판매 전략에 그치지 않는다.
시계를 단순히 시간을 알려주는 기계 장치를 넘어 패션과 자기표현의 한 방법으로 바꿔놓았다. 한발 더 나아가 고객들은 스와치 그룹의 시계를 사회적 지위나 능력을 과시하는 수단으로 삼기도 한다.
하이에크 회장이 일찌감치 깨달았듯이 좋은 시계를 만드는 것만으로 부족하다. 스와치 그룹이 만들어 내는 시계는 시계라기보다는 새롭고 고급스럽다는 이미지를 추구한다.
사람들은 이제 시간을 보려고 시계를 사는게 아니라 시계를 차기 위해 시계를 산다.
시계를 산다기 보다는 스와치라는 상표(브랜드)를 산다.
소비자들의 심리에 맞춰 해마다 수백가지 새로운 모델에 독특한 이름을 붙여주는 것도 그런 이미지 전략 가운데 하나다.
'너무 늦지 마(Don' t be too late)', '시간 기술(Chrono-Tech)', 검은 마법(Black Magic)' 등

“손목 위의 예술”

스와치(Swatch)는 스위스(Swiss) 시계(Watch)이자, 두번째(Second) 시계(Watch)이며 다시 말해, 스와치는 고품질, 정확성, 합리적인 가격을 동시에 의미한다고 할 수 있다.
여기에 예술적 사고와 디자인의 개념을 넣는다.
매년 열리는 스와치 패션쇼는 스와치가 단지 시계가 아니라 디자인임을 증명하고 있다.
시즌마다 완전히 다른 디자인을 보여주지만, 도전, 혁신, 즐거움, 그리고 영원이라는 일관된 메시지를 유지하고 있다.
출시되는 시계 하나하나 마다 고유의 탄생 스토리를 가지고 있는 것으로도 유명하다.
스와치를 구입하는 것은 시계를 구입하는 것보다 구입하는 사람이 간직하고 싶은, 또는 갖고 싶은 시간을 갖는 것이라는 독특한 개념을 만들게 되었다.
화려한 컬러와 상상을 뛰어넘는 디자인으로 전 세계 젊은이들에게 폭발적인 지지를 받고 있으며 세계 최고의 스위스 시계 기술과 유명 예술가들의 뛰어난 디자인으로 시계의 개념을 시간을 보는 도구에서 하나의 예술작품으로 승화시켰다.
환상적이고 도전적인 디자인은 그 자체로도 많은 가치를 지닌다.
라이프 스타일을 창조하는 Special 제품과 Limited Edition을 출시하는 선도 브랜드가 되었고, 독창적인 마케팅 전략, 독특한 감각, 대담성, 선구자적 정신 등에 힘입어 끊임없는 질주는 계속되고 있다.

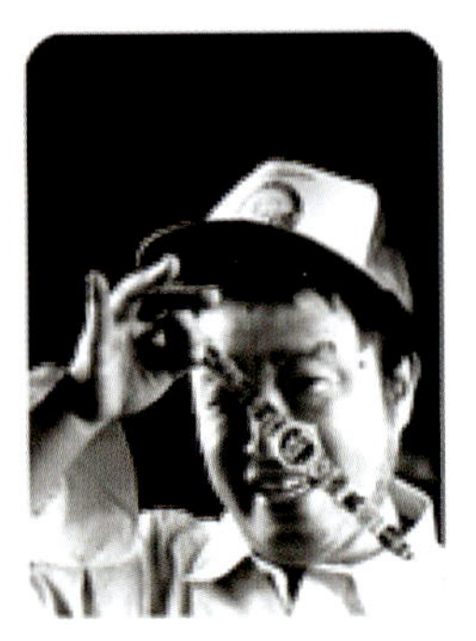

백남준 작

Keith Haring, 1986

Poltrona Proust, 1978

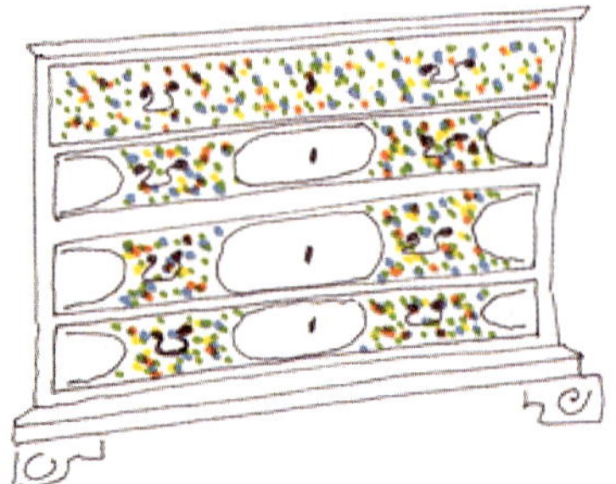

Alessandro Mendini, 1990

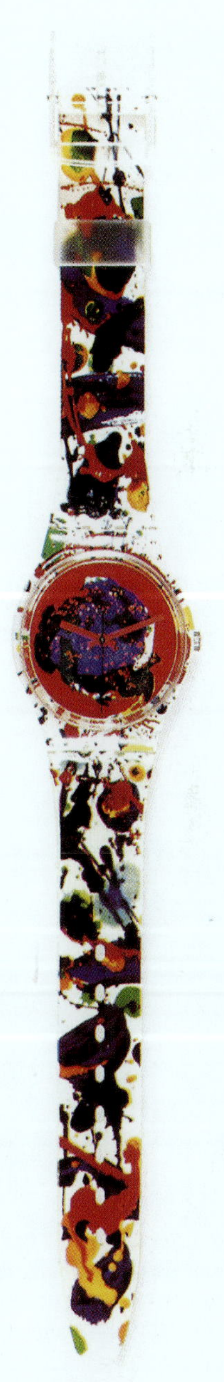

Sam Francis, 1992

SPECIAL SWATCH

매년 한정 수량으로 판매되고 있는 Special 제품
스와치 마니아들의 주요 수집 품목

최초의 크리스마스 스페셜
"Bergstruessli" 1987

감성을 일깨우는 메세지

시계는 인간의 개성을 가장 잘 나타내주는 표식이다.

옷 색깔에 따라 이 시계 저 시계로 바꿔 차는 패션 상품이 될 수도 있고,

개인의 정체성을 과시하는 문화 상품일 수도 있다.

스와치는 사람들의 습관을 바꿔놓았다. 80년대 중반 저렴하면서도 화려한 스타일의

스와치 시계를 대량 생산하면서 폭발적 인기를 끌었다.

라이프 스타일에 맞춰 시계를 바꿔 차도록 마케팅한 게 주효했다.

한 달에 스와치만 3~4개씩 구입하는 충성파 고객도 생겨났다.

시계를 브랜드화된 액세서리로 탈바꿈시킨 덕택이다.

Swatch Couple Ring

반지를 돌리면 나만의 고유한
기념일 4자를 세팅할 수 있음.

"Stop-watch" from Swatch

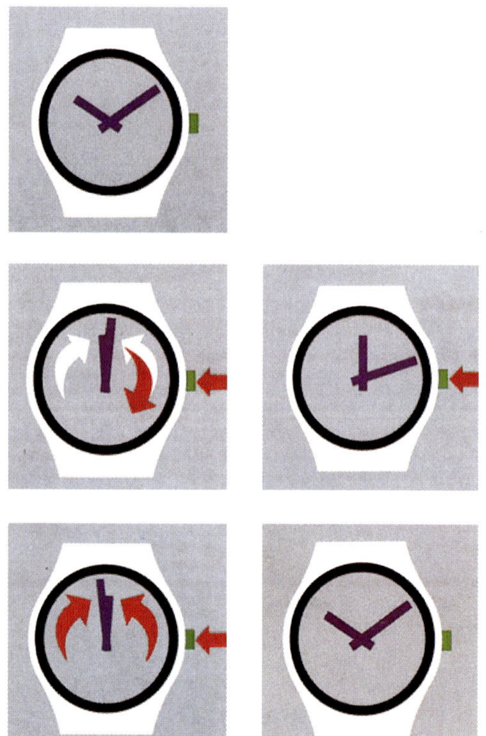

UN 인원위원회 마크

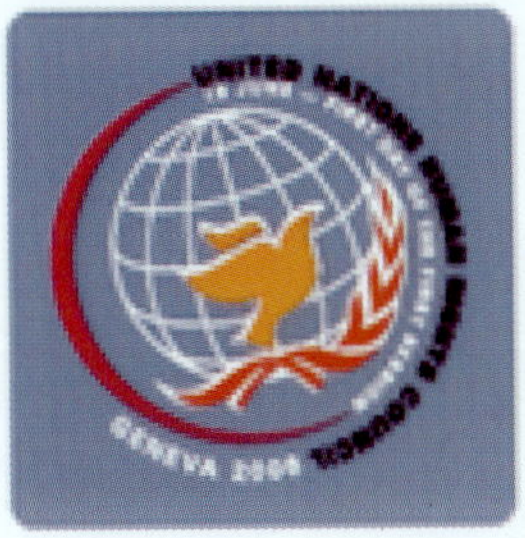

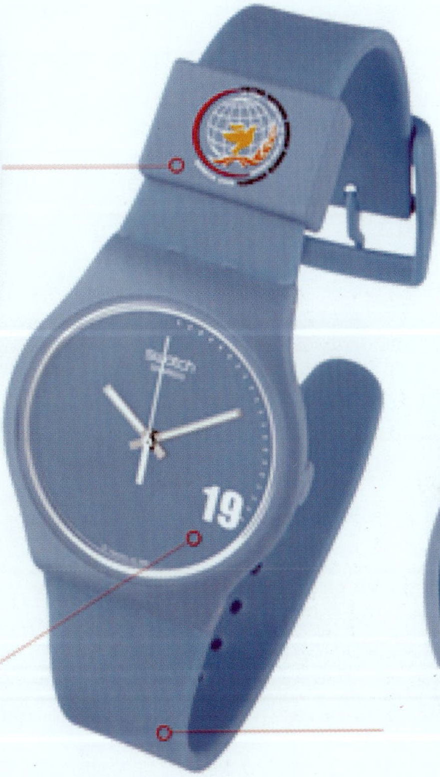

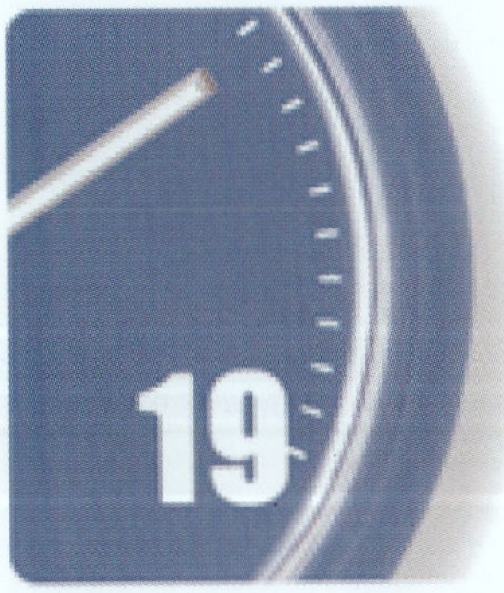

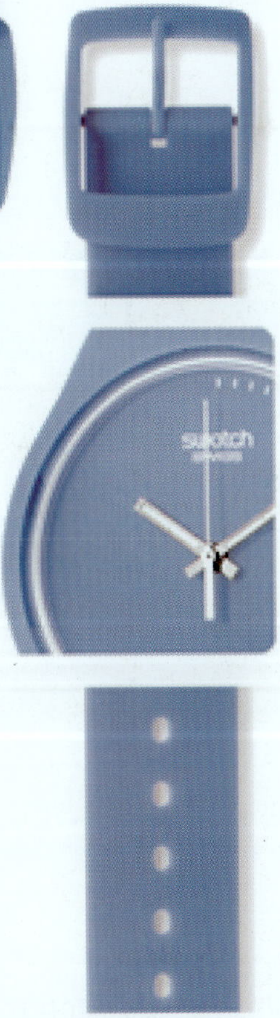

시원한 블루색의 다이얼과 스트랩
모두 UN의 상징색

UN 인권위원회가 최초 출범한 6월 19일을 기념하기 위함이나, 숨겨진 또 다른 의미는 '모든 인간은 의견의 자유와 표현의 자유를 누릴 권리를 갖는다'는 세계 인권 선언 19조항을 뜻함.

올림픽과 스포츠에 대한 신념

스와치 브랜드 시계는 시계인지 패션인지 구분이 안갈 정도로 현란하게 바뀐다.

그렇지만 이러한 현란함 속에서도 "시계는 기능이 아닌 패션" 이라는 일관성은 계속 유지되었다.

1994년 스와치는 드디어 유럽 시계 제조업체의 일인자로 자리를 굳혔다.

그렇지만 유럽 1위정도로 만족할 수 없었다.

스와치는 1996년 애틀란타 올림픽부터 2004년 그리스 올림픽까지 공식 기록측정 시계로 선정되어 올림픽에서의 기록측정 스폰서로 활약해 왔다.

이와 함께 올림픽 컬렉션을 중심으로 대규모 마케팅 활동을 전개했다.

이 전략은 스위스산 시계의 고품질력과 정확성을 부각시켜 큰 호소력을 발휘했다는 평가를 받았다.

유럽인과는 기호가 다른 미국인의 관심을 끄는데 성공했기 때문이다.

기록과 시간의 경쟁이라 할 수 있는 올림픽에서 스와치가 선택된 것은 기술력에서의 확실한 인증 없이는 불가능한 것이다. 다시 말해 이것은 스와치의 기술이 다른 여타 브랜드의 시계들에 비해 월등히 뛰어나다는 것을 의미하는 것이다.

세계의 매니아들이 팬클럽을 조직한 시계

세계의 스와치 매니아들은 그 시즌의 콜렉션을 사기 위해 매장마다 줄을 서고, 한정기간 한정수량이 판매되는 특성으로 스와치는 소더비 경매까지 등장한다. 스위스, 독일, 이탈리아, 오스트리아, 프랑스, 스페인, 미국, 영국에 이르는 스와치의 팬들은 클럽을 조직하여 세계에 퍼져있는 회원들과 정보를 나누고, 카탈로그와 특별히 제작된 스와치 시계를 갖게 된다. 전 세계 스와치 스토어는 런던의 코벤트 가든, 도쿄의 하라주쿠 등 각 국의 젊은이들이 가장 많이 모이는 곳에 자리 잡고 있다. 전 세계에 퍼져있는 젊은 스와치 매니아들은 스와치를 통해 그들만의 감각의 교류하고 정열과 혁신을 갖는다.

You Too Are Our Museum

1996년 프랑스 파리의 퐁피두 센터가
스와치를 위해 전면 빌보드 광고 자리를 내어주었다.
이는 탄생 이후로 꾸준히 문화와 예술에
투자해 온 공로를 인정받은 것으로 그 의미가 크다.

세계에서 가장 거대한 손목시계

1984년 독일 프랑크푸르트 도심에 등장한 거대한 스와치.
무게 13톤, 높이 162미터로 기네스북에 남겨졌다.

KEEP IN TOUCH
SPRING-SUMMER 92
DISCOBOLUS
swatch
KEEP IN TOUCH
SPRING-SUMMER 92
BOUQUET
POP
swatch
swatch
CHRONO
KEEP IN TOUCH
SPRING-SUMMER 92
KEEP IN TOUCH
SPRING-SUMMER 92
JELLY BUBBLES
swatch
SCUBA 200
Hardware for your Eyes
swatch
eyes
swatch
GO AHEAD
swatch
GO AHEAD
swatch
SCUBA 200
GO AHEAD
NEW COLLECTION FALL/WINTER 1992/93
swatch

개성이 담긴 홍보 포스터

스와치는 현대인의 삶의 속도에 맞춰 돌아가고 있다.
시간은 개인적인 것이며, 우리가 원하는 것이다.
시간은 우리가 정말 원하는 것을 하는 데에 사용되어야 한다.
이것이 바로 스와치의 기본적인 생각이며 스와치는 정확한 시계 하나를 만드는 것에서 나아가 그 이상을 목표로 하고 있다.
스와치는 시계를 단순히 시간을 보는 도구가 아닌 패션의 일부, 더 나아가 '라이프 스타일(Life Style)'을 결정짓는 요소로 여기고 시계라는 도구에 예술을 덧씌우고, 거기에 또 다른 첨단 기능을 붙이는 연구를 벌이고 있다.
예컨대 주인을 알아보는 인공지능 시계나 자동차 시동을 걸 수 있는 열쇠 시계, 신용카드 기능을 부착한 시계, 인터넷 시계 등이 그것이다.
우리가 살아가고 있는 시간을 한층 더 즐겁게 만들고자 항상 변화와 도전을 거듭하고 있으며 기술 혁신, 스포츠와 문화 행사, 전세계 Swatch the Club의 수많은 활동들을 통해 우리는 이러한 Swatch Spirit, 스와치 정신을 만날 수 있다.

Time Is What You Make Of It.

고전주의의 현대적 재현

"New Creativity by Simplicity"

Playsam

스웨덴

플·레·이·샘·P·L·A·Y·S·A·M

플레이샘은 1984년 칼 세디그(Carl Zedig)가 설립한 완구회사로 울프 한세스(Ulf Hanses)와 비에른 달스트롬(Bjorn Dahlstrom)의 디자인을 영입, 유려한 라인과 강렬한 컬러, 그리고 단순하고 깔끔한 형태를 특징으로 한 장난감 디자인을 선보여 왔다.
오브제의 재미있는 부분에 감성적인 요소를 부여하여 제품과 인간 사이의 교감을 만들어 내는 것, 이것이 플레이샘의 디자인 철학이다.
이와 함께 스웨덴의 독특한 디자인 배경인 고전적인 향수가 묻어 있으며 자동차, 비행기, 배 등 주로 탈것을 소재로 한 장난감으로 세계적으로 아이들뿐만 아니라 디자인 매니아들의 주요 수집 품목이기도 하다.
설립자 칼 세디그는 이러한 고전주의를 다양한 형태로 축소하여 장난감에 도입했다고 설명하고, 이들의 디자인을 독특하게 만드는 또 하나의 요소인 '심플함' 에 대해 소개했다.
형태상의 심플함은 기쁨과 유머를 효과적으로 드러낼 수 있다고 한다.
또 사람들은 자신의 상상력으로 세부적인 디자인을 더하는 재미를 발견하기도 한다.
거기에 눈에 익은 인상적인 색상에다 고전적인 제품의 라인은 향수를 불러일으키기에 충분하다.

라인에서 묻어나는 고전주의 디자인의 미니어처

단순성과 인본주의를 바탕으로 한 순수주의 디자인

스웨덴은 디자인에 관한 풍부한 국민적 공감대가 형성되어 있는 독특한 디자인의 역사를 가진 나라이다.

불리한 자연환경에도 불구하고 일찍부터 진취적이고 근면한 생활태도로 환경을 이용하여 개발해왔다. 기능주의 원리를 그대로 모방하지 않고 그들의 전통과 생활, 자연주의를 바탕으로 합리성을 융합시켜 조화시킴으로서 고유한 기능주의라는 특성을 이루었는데 경직성에서 탈피한 유연한 곡선, 온건한 표현 등 단순 간결한 현대적인 양식으로 발전하였다. 즉 전통과 인간적 가치, 자연적 상상 및 미의 세계를 바탕으로 하는 단순성에 인본주의 정신, 아름다움, 민주적인 이상까지도 혼합된 디자인 스타일을 추구하고 있다. 스웨덴 디자인의 기본은 사회가 산업화함에 따라 생활을 위한 미가 민주화되어야 한다는 이념으로 "보다 아름다운 제품을 생활에"라는 스웨덴 특유의 슬로건을 실천하고 있다.

스트림라이너 레드(Streamliner Red)

제트라이너(Jetliner)

'흔들 토끼(Rocking Rabbit)'

엑스트림라이너(Xtreamliner)

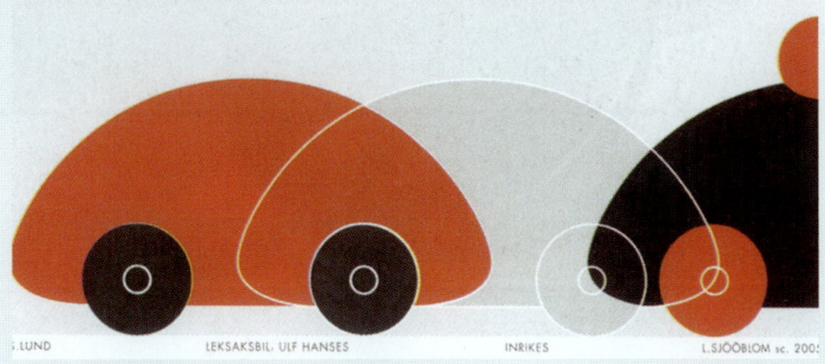

2005 스웨덴 디자인의
해를 기념해 발행된
〈스트림라이너〉 우표

특히, 2005년을 디자인의 해(The Year of Design)로 선포하고 산업디자인과 패션에서부터 아트와 공예, 인터랙티브 디자인에 이르기까지 디자인 전 분야를 아우르며 디자인 붐을 조성하고 있다.

디자인을 단순히 마감(Finish)이나 기능(Function), 사용자 친화성(User-Friendly) 이상의 의미를 갖는 복합적인 개념이라는 점을 일반 국민에게 알리겠다는 포부이며 디자인의 해를 맞아 지난 50년 동안 스웨덴을 대표해온 디자인 6점을 선정해 기념 우표로 제작하였는데, 고전 디자인 아이템을 국가적 차원에서 공식적으로 인정한 디자인 셈이다.그 6점의 디자인 중에는 플레이샘의 울프 한세스가 디자인 한 스트림라이너(Streamliner)가 포함되어 있다.

스웨덴 디자인의 또 다른 특징 중 하나는 놀이(Play)에 관한 독특한 문화 환경으로 어린이와 실무용 완구 제조 회사인 플레이샘은 이러한 역사와 특징을 압축, 재현하고 있다.

폴리스 MC(Police MC)

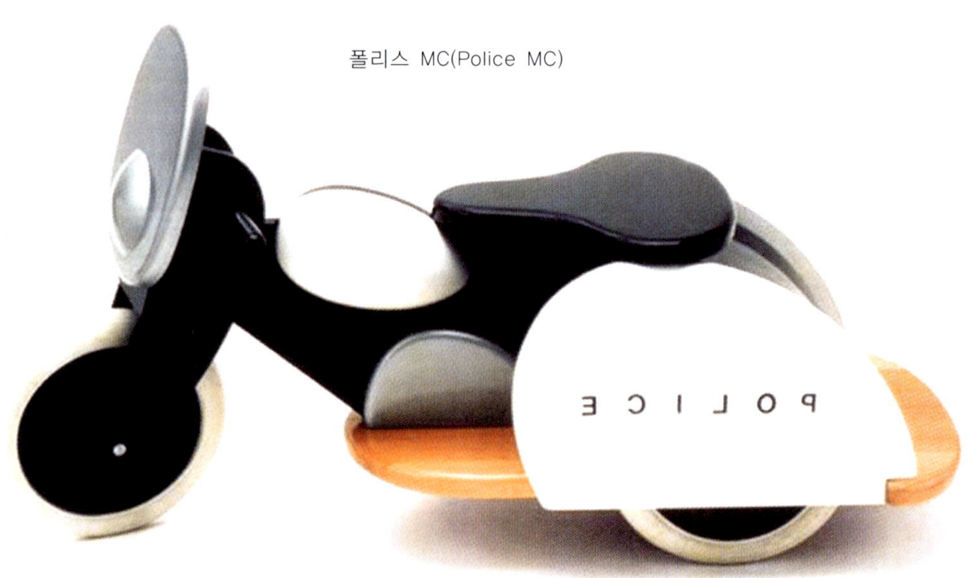

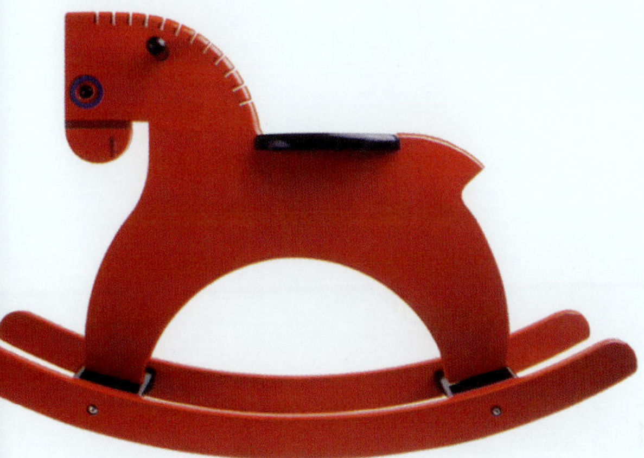

비에른 달스트롬(Bjorn Dahlstrom)의
어린이용 '흔들 말(Rocking Horse)'

카약(Kajak)

모터보트(Motor Boat)

파이터 에어크래프트 '플라잉 배럴'
(Fighter Aircraft 'Flying Barrel')

로드 레이싱 바이크
(Road Racing Bike)

디자인 마니아의 연인

플레이샘의 두 디자이너 울프 한세스와 비에른 달스트롬은
플레이샘의 고전주의를 바탕으로 한 심플한 제품 성격을 견고히 하는데 일조했다.
한세스는 '보다 노바 데르모스(Boda Nova Thermos)'의 수상으로 이름이 많이
알려져 있으며 장애 아동용 완구에 큰 관심을 두었다.
한세스의 디자인은 매우 심플하여 시각적으로 아무 것도 없을 정도로 보다 공상적이고
이상적인데 반해, 그래픽디자인이 전공인 비에른 달스트롬의 작품은 사물의 형태를 보다
구체적으로 묘사하는데 그 특징이 있다.
장난감의 요소 중에는 이렇게 디자이너들의 개성이 통합되면서 동시에 두드러져 보이게
하는 점이 있는데 좋은 디자인이란 컬러, 형태, 그리고 기능이 잘 조화되어 심미적으로
즐거움을 줄 수 있어야 하며 거기에 좋은 공상에 대한 가치가 특히 강조된다.
어린 시절 누구나 가지고 있던 공상을 성인이 된 후에도 버리지 않고 가지고 있다는 것,
장난감 디자이너라면 가장 중요하게 생각해야 할 점이다.
플레이샘의 제품을 두고 혹자들은 '처음에는 아이들을 위한 장난감으로 출발했지만
곧 모든 디자인 마니아의 연인이 되었다' 라고 말하기도 한다.
세계 각지의 유통 라인에서 플레이샘이 어떤 위치를 차지하고 있는지 그 수용의 폭이
어떤지를 예상할 수 있는 지점이다.

사브 로킹 카(Saab Rocking Car)

1-3세 유아를 위한 목재 로킹 카, 길이90cm

레이서 F1 블랙 & 실버

사브 로드스터(Saab Roadster)

1-4세 유아를 위한 첫 4륜 드라이브 카
길이 90cm, 의자 높이 30cm

사브 자동차를 모델로 한 키홀더

올라 빌보리(Ola Wihlborg)의 스톡홀름 플레이타운.
세계 도시의 대표적인 건물을 모티브로 디자인되었다.

2004년 2월 4일부터 8일까지 열린 스톡홀름 가구박람회에 참가한 플레이샘

무한궤도차(Crawler)

볼보 자동차를 모델로 한 키홀더

스트림라이너 에스프레소 블랙(Streamliner Espressoblack)

세일링 보트(Sailing Boat)

고전성과 현대성을 잇는 디자인

스웨덴 산업디자인의 대표적인 예를 들자면 가장 먼저
사브 살롱(Saab Saloon)을 떠올리게 된다.
1952년 식스텐 사손(Sixten Sason)이 디자인한 이 차는 그 특유의 유선형 라인으로
여전히 고전으로 통하고 있다.
플레이샘은 그 디자인 정신에 대한 경의의 뜻으로 사브를 극단적으로 단순화시킨
모형 자동차를 선보인바 있다. 시간성을 초월한 아름다움에 대한 존중이다.
플레이샘은 이처럼 전통과 고전을 흡수하는 동시에 현대적인 감각을 반영하기 위해
끊임없이 고민한다.
그래서 설립자 칼 세디그의 가장 중요한 역할은 새로운 디자이너를 찾아 〈스트림라이너〉
처럼 훗날에 고전으로 평가될만한 새로운 디자인 제품을 만드는 것이다.
몇몇 디자인 학교에서 워크숍을 진행하는 것도 그 일환이다.
그렇게 해서 플레이샘의 제품라인에는 늘 신선하고 개성적인 디자인이 하나하나 축적된다.

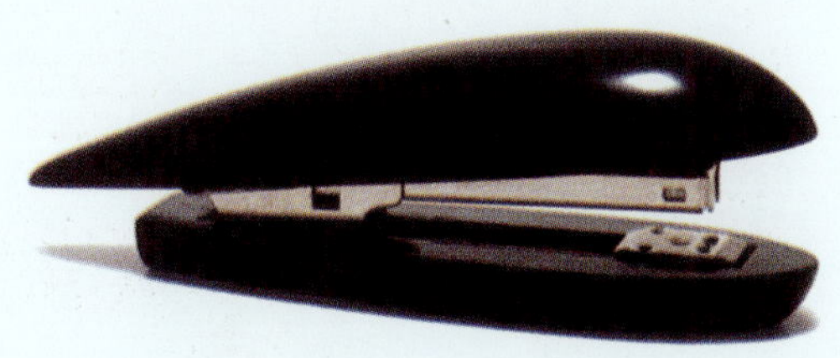

진취적이고 낭만적인 꿈

"The Dream Factory"

Alessi

이탈리아

알·레·시·A·L·E·S·S·I

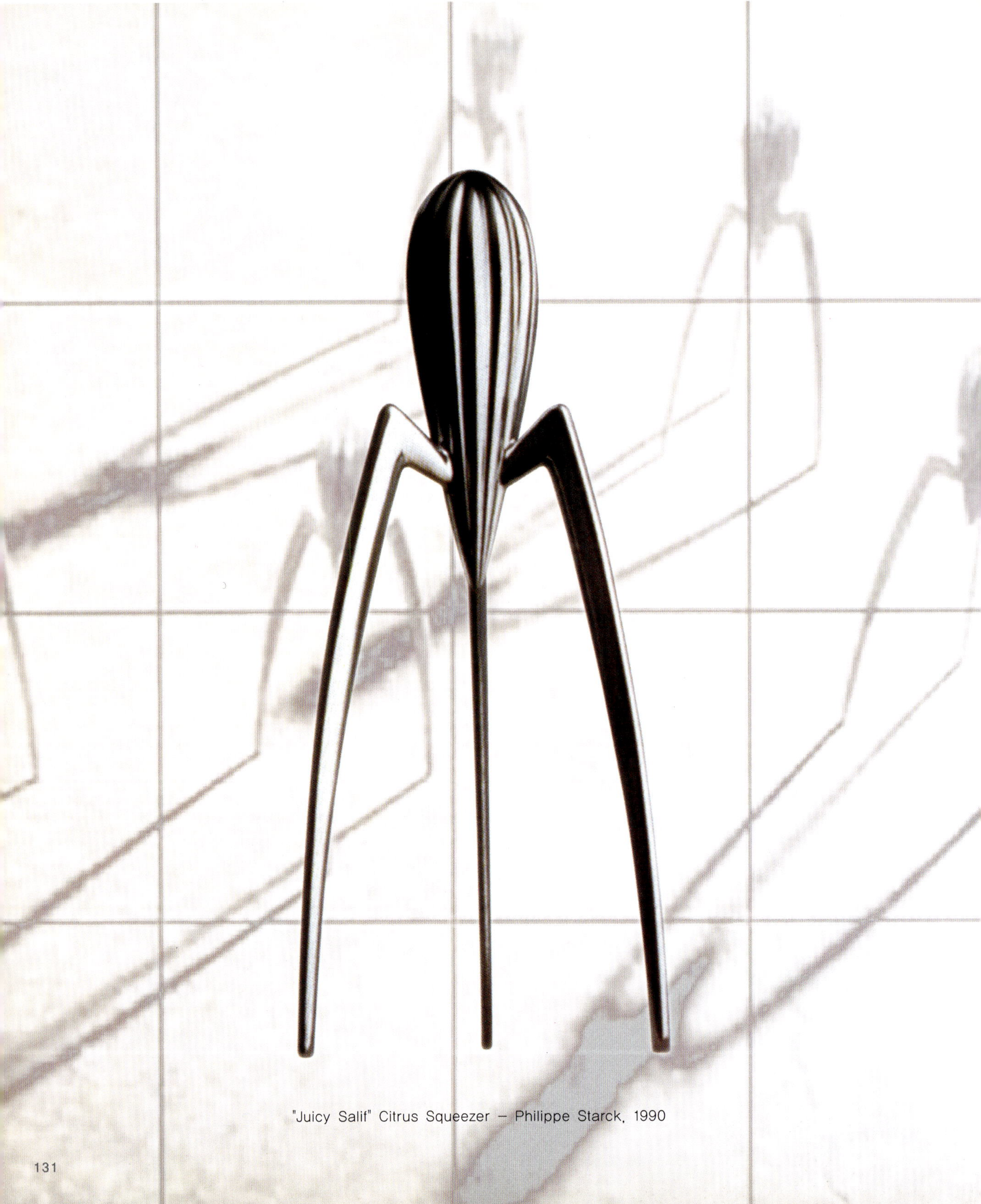

"Juicy Salif" Citrus Squeezer – Philippe Starck, 1990

풍부한 창의성과 다양한 개성의 감성적 디자인

기원전 500년경부터 로마제국을 세워 세계 최강을 자랑했으며 라틴 정신과 리얼리즘을 기초로 하여 카톨릭의 영향을 받아 발전하였다.

하지만 **이탈리아**는 국가로서 통일된 역사가 오래되지 않아 지역적 특색이 강한 집합체로서의 성격이 남아 있으며 국가보다는 지역사회, 지역사회 보다는 가족 지향성이 강한 향토주의를 나타내고 있다. 개인 대 개인의 관계를 중시하고 전체 또는 집단에 집착하기 보다는 개인 생활을 즐기는데 열정적이며, 개방적이고 대외적이며, 매우 낙천적이고 개성이 강함으로서 풍부한 창의성을 지니고 있다.

더욱이 위대한 문화유산을 바탕으로 감성의 풍부함과 조형적인 미에 대한 기준을 세울 수 있는 능력을 갖추고 있다. 또한 가족중심의 전통적인 장인 정신과 함께 풍부한 창의성을 바탕으로 다양한 개성을 표현하며, 사교적이고 외교적인 성격을 자원으로 독특한 문화적 디자인을 발전시키고 있다.

따라서 이탈리아의 디자인 특징은 풍부하고 전통 있는 문화적인 유산으로부터 특유의 색, 질감, 형상의 종합된 느낌으로 비롯되었다. 특히 스타일 없는 스타일, 유형의 것이 아닌 일탈의 요소로서 기존의 규범을 깨트리려는 의지가 조형적인 산물로 제시되었다.

더구나 새로운 재료에 대해 진취적으로 실험하고 표현해 제품의 품격을 혁신시켜 나가거나 제품의 미적가치를 상징적 언어나 기호를 통해서 사물과의 커뮤니케이션을 중시하였으며, 인본주의를 바탕으로 한 새로운 생활 가치나 문화에 부합하는 감성적 조형의 방향을 제시하고 있다.

ALESSI

알레시의 탄생

이탈리아에서 '디자인'은 곧 '삶의 방식'으로 통한다.

전통의 'Originality' , 사용성의 'Functionality' , 미적 감각의 'Arts' 이 세 가지 요소들을 바탕으로 꾸준히 현대화 감각을 접목시켜 이탈리아 스타일을 만들었다.

자원과 기술이 부족함에도 불구하고 디자인을 국가 경쟁력의 수단으로 삼아 세계적인 디자인 문화의 주축이 되고 있다. 또한 그들의 개성적인 모던디자인은 숙련된 기능인들의 가공 기술이라는 오랜 전통에 힘입고 있다고 할 수 있다.

이런 전통을 근간으로 한 이탈리아의 대표적인 기업인 알레시사는 1921년 지오반니 알레시(Giovanni Alessi)에 의해 설립되었다. 초기에는 고객의 주문에 따라 도제 방식으로 제작했으며 디자인보다는 품질에 비중을 두었다.

1924년 회사 고유의 쟁반과 커피 메이커를 만들기 시작하면서 명성을 얻었으며, 한 제품을 위한 110가지 공정들이 완벽한 수작업으로 이루어지는 장인 정신을 담고 있다.

또한 소속 디자이너들이 각각의 시리즈를 맡아 연속성 있는 작품을 내놓는 것도 알레시만의 독특한 개성이다. 디자이너들이 새로운 디자인을 개발할 때는 일반적인 상상력에서 탈피하여 기발한 아이디어를 표현하고자 노력한다.

또한 감각적 영감을 디자인으로 표현하는데 있어 장난스러움과 친밀감, 부드럽고 곡선으로 된 재질감, 꿈의 세계에 대한 동경 등이 함께 반영되어야 한다는 것이 그들의 원칙이다.

Fruit bowl – Achille Castiglioni

Kettle with melodic whistle – Richard Sapper

ney pot – CSA, 1995

chen box – Brass Clare, 1992

Espresso coffee maker
"9090" Series – Richard Sapper
뉴욕현대미술관의 영구 전시 제품.

"MG Kettle" Series – Michael Graves, 1985
미국적인 팝 느낌을 주는 가볍고 경쾌한 디자인

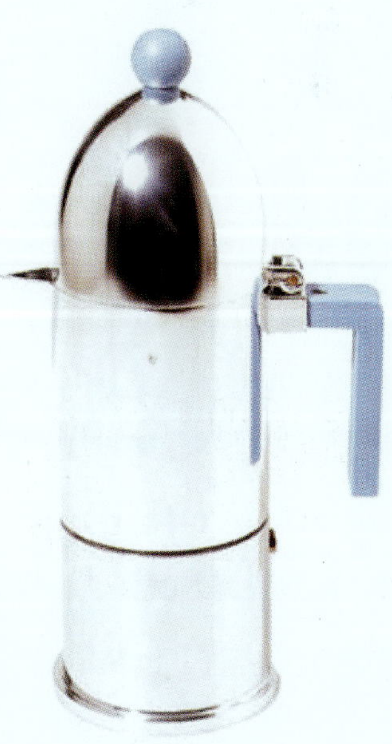

Espresso coffee maker – Rossi Aldo, 1988

알레시의 성장

유럽중심의 판매에서 1990년 이후 전 세계로 진출을 시도하여 서유럽, 북미, 한국, 일본까지 세계시장 네트워크를 구축한 알레시는 한국에는 1996년 12월에 처음 소개되었다. 전 세계 어디에서나 만날 수 있는 지금의 알레시가 있기까지는 Alessi Family에 속한 두 명의 지대한 공헌자가 있다.
디자이너인 카를로 알레시(Carlo Alessi)와 금속 가공 기술을 예술의 경지로 까지 끌어 올린 에또레 알레시(Ettore Alessi)이다.
1930년대 중반에서 45년 사이에 만들어진 대부분의 제품들은 지오반니의 큰아들인 카를로 알레시에 의해서 제작된 것이며 이탈리아 1세대 디자인의 원형 중 하나가 된다.
특히, 1945년에 제작된 포탄의 곡선을 살린 'Bombe 커피 포트' , '티포트 세트'를 디자인하면서 명성을 쌓았으며 알레시 디자인 역사상 최고의 고전으로 인정받고 있다.
카를로와 에또레가 닦아놓은 기반 위에서 1970년대 이후, 카를로의 아들 알프레도(Alfredo)는 알레시의 세계화에 또 다른 가능성을 열어간다.
그것은 다름 아닌 세계적인 디자이너 및 건축가들과 손을 잡고, 대중성과 예술성의 만남을 통하여 일반인들은 비싸서 그저 구경하는 것으로만 만족해야 했던 최고의 디자인 제품들을 큰 부담없이 구매할 수 있게 대중화를 시킨 일이다.
하이테크 스타일의 세계적인 유행과 함께 스테인리스 스틸 제품은 세련되고 호감가는 명품으로 인정받게 된 1970년대 후반부터 디자인제품 매니아들의 열렬한 사랑을 받는 제품들을 잇따라 출시하게 되는데, 특히 대학교 교재로까지 사용되면서 알레시의 대중성과 예술성의 결합은 그 빛을 발하게 된다.
1980년대에 들어서면서 디자인의 관념을 깨뜨리며 또 다른 가능성과 미래를 제시한다.
특히 1985년 '새 모양의 주전자'를 출시하며 단순 가공품에서 포스트 모더니즘의 새로운 형식을 마련하게 된 시초로서, 놀라운 디자인 혁명으로 평가되고 있다.

새 모양의 주전자 – Michael Graves, 1985

"Bombe" set – Carlo Alessi, 1945

ɛapolitan coffee maker
Riccardo Dalisl

Peyrano chocolate box
– Alessandro Mendini

"PITO" Kettle
– Frank Gehry

"IL CONICO"
Sugar bowl with spoon
– Aldo Rossi, 1989

알레시의 탁월한 스테인레스 가공 기술

Cactus
– Marta Sansoni, 2003

"Todo" Giant cheese – Sapper Richard

"Pots & Pans" Series
– Jasper Morrison

알레시의 힘

일상에서 흔히 보여지는 작은 소품들 하나에도 독특한 개성을 부여하면서 새로운 가치로 전환시키는 힘을 지니고 있는 알레시(ALESSI).
주방용품들 조차 표현력을 가진 형태로 생산하면서 '원료에 맞는 디자인, 목적에 맞는 디자인'을 기본으로 생각하며 각각의 제품이 통일된 개성과 매력을 지녀 안정감을 주는 동시에 필수적이어야 한다는데 초점을 두고 있다.
알레시의 경영철학은 공장을 단순한 제품 생산 장소가 아닌, 금세기 초의 분리론자 디자이너들이 함께 모여 작업하는 창조적인 생각의 공간으로 만드는 데 있다.
우리가 현대미술관이나 박물관에서나 볼 수 있는 수준 높은 작품들을 생활 속에서 쉽게 친해질 수 있도록 하는데 크게 기여하였다.
값비싼 디자이너들의 작품을 우리들도 소유할 수 있게 되었다는 것이다.
"좋은 디자인은 쓰기에도 편하다" 라는 철학을 지닌 제품들은 자신이 소유하고 있는 것들이 미국의 근대 미술관에도 역시 전시되어 있다는 자부심을 가지게 한다.
또한 20세기 정보기술의 시대에서 전통적인 형태가 주는 디자인적 가치의 물적 증거를 제시하는 디자인 혁명과 함께 시대적 흐름에 한발 앞서 나가고 있다.

The Wire Citrus basket – Campana Fratelli

Fruit Loop – Lisa Vincitorio, 2005

MEDITERRANEO

"Mediterraneo" Fruit Bowl – Emma Silvestris, 2005

"Desktop Architecture" Desk Collection
– Hani Rashid, 2006

"좋은 디자인은 쓰기에도 편하다"

So & Zo

"Gino Zucchino" Sugar castor
– Venturini Guido, 1993

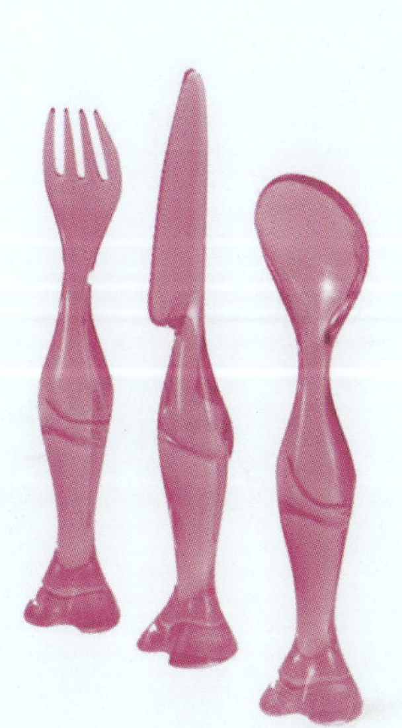

Children cutlery set
– Bozzoli Lorenza, 2003

"Diabolix" Bottle opener
– Cisotti Biagio, 1994

알레시사에는 디자이너가 없다.

디자인 회사에 디자이너가 없다는 사실이 선뜻 믿기진 않지만 사실이다.
유일한 디자인 관련 부서로 알레시 리서치 센터인 'Centro Studio ALESSI'에서는 세계 각지의 젊고 도전적인 디자이너들이 응모한 2만 장도 넘는 응모작들을 검토하며, 세계 유명 대학과 단체에서 워크숍을 진행한다. 그렇지만 알레시의 모든 제품에는 공통점이 있다. 기본적인 기능을 바탕으로 제품에 인간의 꿈과 희망을 담았다.
알레시는 1950년대 이후 부터 외부 디자이너들과 공동 작업을 통해 경쾌하고 발랄한 제품을 생산해 왔다.
자체 디자이너 없이 200여 명의 외부 전문가와 함께 작업하면서 세계적으로 명성을 얻기까지는 이탈리아가 가지고 있는 우수한 문화적 배경과 전통을 제품에 접목시켰다.
1970년대 알레산드로 멘디니(ALESSANDRO MENDINI)가 참여하면서 세계 시장에서 더욱 더 각광받기 시작했으며 ETTORE SOTTSASS, MICHAEL GRAVES, ENZO MARI, PHILIPPE STARCK, STEFANO GIOVANNONI와 같은 유명디자이너의 작품들이 큰 반향을 불러일으켰다. 이러한 신선한 아이템 분출과 철저한 혁신 경영 기법으로 수익의 3분의 2는 해외 시장에서 거둬들이고 있다.

Michael Graves, 1992

"Kitchen Timer"

"Kitchen Clock"

Teapot and small oval Tray, 2005

Designer : Michael Graves

Pepper mill, 1998

Designer : Philippe Starck

알레시에서 이를 빼놓고 이야기 할 수 없다. 프랑스 디자이너이자 건축가인 필립 스탁은 그만의 독특한 디자인 철학을 알레시 제품들에서도 유감없이 보여준다. 독특한 모양의 여러 제품에서 곡선의 라인을 중시하는 그의 디자인 경향을 한 눈에 볼 수 있다.

"Juicy Salif" Citrus Squeezer, 1990

Max Le Chinois Colander

닥터 스큐드
Philippe Starck
1992

"Alessandro M" Series, 2006

"Sole" Wall Clock Series, 2006

2005

"Geo" Drip Coffee Maker, 2005

Designer : Alessandro Mendini

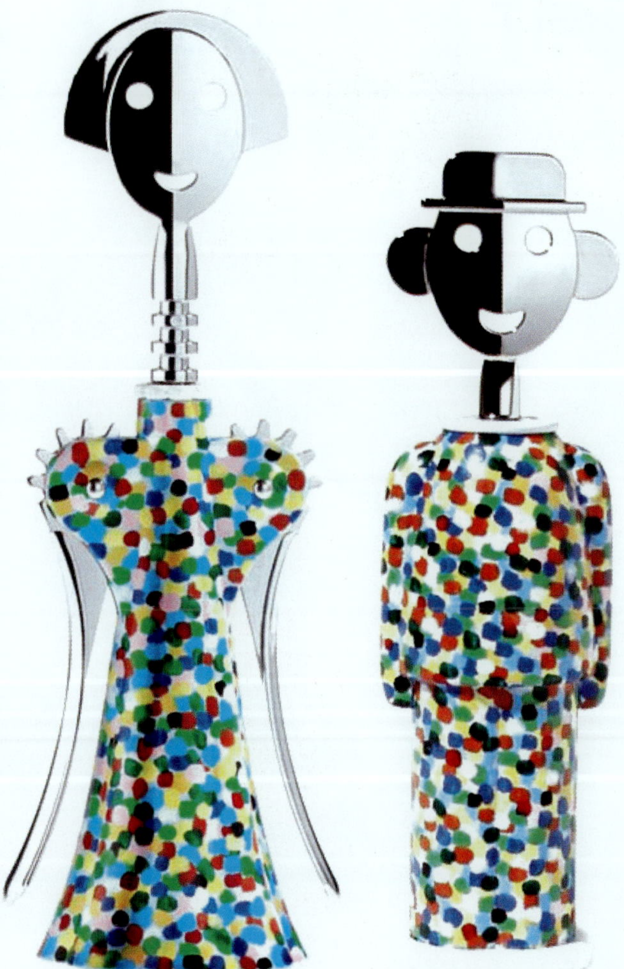
"Anna G & Alessandro M" Series, 2003

현존하는 21세기 최고의 건축가이자 알레시의 수석디자이너인 멘디니는 '디자인은 외형의 모든 것'이라고 함축한다. 그의 디자인 철학이 잘 베어 있는 '안나 시리즈'는 무용가인 아내가 춤추는 모양을 형상화한 작품이다. 멘디니의 작품들은 원 혹은 삼각형 등의 단순한 선들로서 인간의 몸과 얼굴의 윤곽, 표정까지도 추상적이면서도 잘 표현해내고 있다.

"Teapot AM25" Set – Alessandro Mendini, 2003

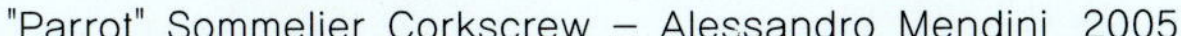

"Parrot" Sommelier Corkscrew – Alessandro Mendini, 2005

"Anna G" Series – Alessandro Mendini, 1998

"Magic Bunny" Toothpick holder
– Stefano Giovannoni, 1998

"Ship Shape" Container with small spatula
–Stefano Giovannoni, 1998

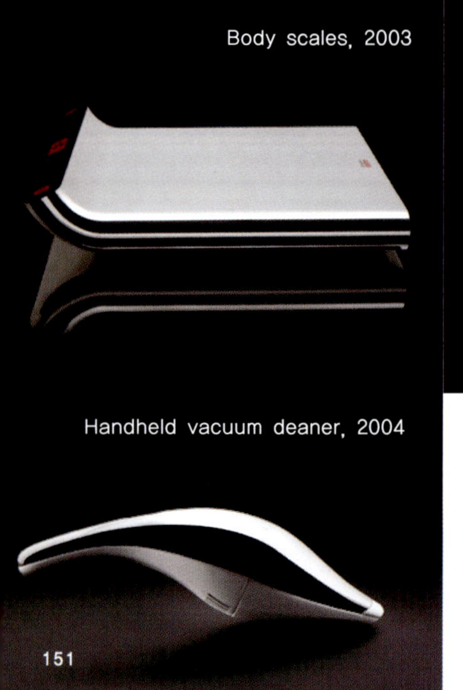

Body scales, 2003

Handheld vacuum deaner, 2004

Toaster SG68

Designer : Stefano Giovannoni

알레시의 디자인적 가치를 한단계 업그레이드 시킨 장본인으로서 형태와 소재의 다양화 추구를 통해 친근하고 해학적인 디자인은 물론, 사용성, 실용성의 극대화 추구.

"Cico" Egg cup with salt castor and spoon
– Stefano Giovannoni, 2000

"Lilliput" Salt and pepper set
– Stefano Giovannoni, 1993

"Merdolino" Toilet brush
– Stefano Giovannoni, 1993

Fruit Holder – Stefano Giovannoni

"Pisellino" Cotton swabs holder
– Stefano Giovannoni, 2005

"Mandarin" Citrus-squeezer with Goblet
– Stefano Giovannoni, 2001

"Mr. Cold" Refillable Liquid Soap Dispenser
– Stefano Giovannoni, 2000

"Piripicchio" Clothes shaver
– Stefano Giovannoni, 2005

"Rudi" Series, 2004

"Toffee" Sugar Bowl, 2004

Designer : Miriam Mirri

"Beba Light" Night light, 2004

"Lupita" Dog bowl, 2002

"Tigrito" Cat bowl, 2005

Paper Basket

Salt and pepper set

Designer : King Kong

"Girotondo" Series

세계적인 디자이너들이 모여드는 이유.

알레시는 이탈리아의 유명 디자인 제품 제조업체들처럼 세계적인 디자이너들과 개인의 지적 재산권 보장에 대해 확실한 계약을 한다.

그 뒤 제품을 출시하면 제품이 알레시 카탈로그에서 없어질 때까지, 그 제품이 팔리는 마지막까지 매출액을 계산해서 총 매출액의 일정 비율을 디자이너에게 디자인 비용으로 지급한다. 또하나 중요한 사실은 소재 선택의 탁월함이다.

아무리 디자이너가 훌륭한 스케치를 하더라도 그 제품을 스테인레스로 만들지, 플라스틱으로 만들지는 제품생산을 담당할 전문가들과의 진지하고 신중한 토론을 거친다. 수많은 샘플들을 제작해 고치고 또 고쳐가면서 완제품을 개발한다.

유명 디자이너들의 디자인이라 해도 스케치부터 완제품 제작까지 2년에서 3년을 소요한다. 올해 알레시 카탈로그에서 볼 수 있는 신제품들은 3년 전부터 개발한 제품이란 이야기다. 그런데 알레시가 선택한 소재나 칼라 등이 1-2년이 지난 뒤 세계적인 추세로 자리잡는 것을 쉽게 발견할 수 있다. 이들 모두 알레시의 탁월한 디자인 감각과 소비자 욕구에 대한 분석, 그리고 알레시만의 새로운 소재에 대한 끊임없는 연구가 빚어낸 결과이다.

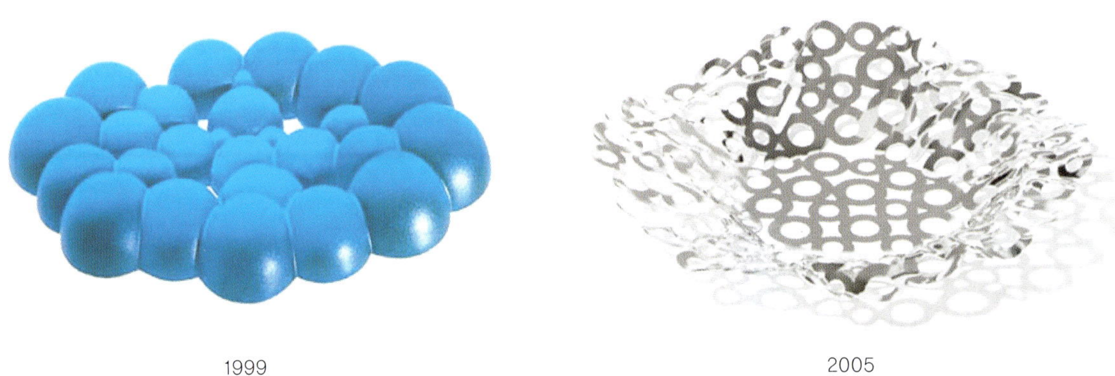

1999 2005

"Vertigo" Fretworked Basket with Washers – Antonio Cagianelli

"Sden" Toothbrush cover, 1998

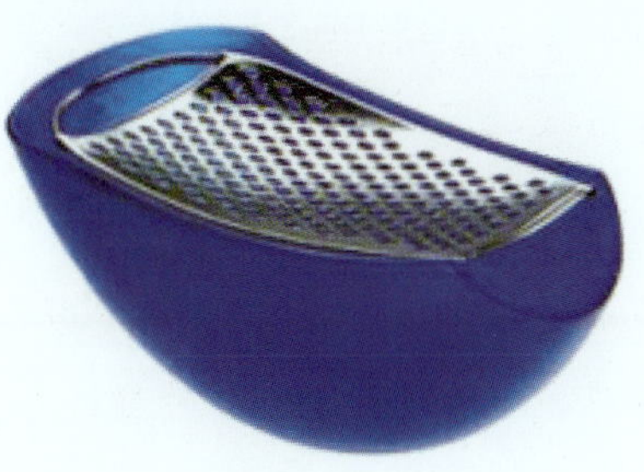

"Parmenide"
Grater with cheese cellar, 1994

Tea and Coffee Set – Jean Nouvel, 2005

"Tibidabo" Spaghetti Tongs – Kristiina Lassus, 2006

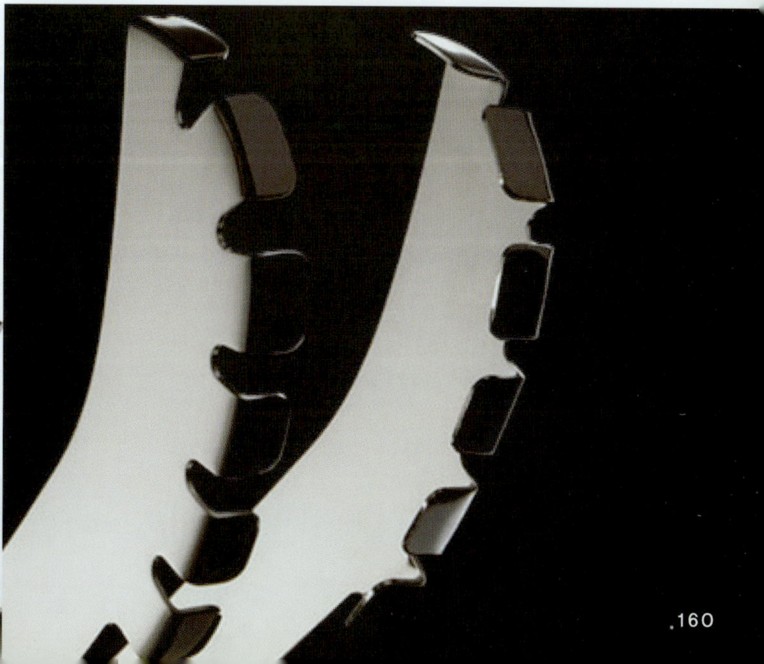

"Canaglia" Nail clipper
– Stefano Pirovano, 2000

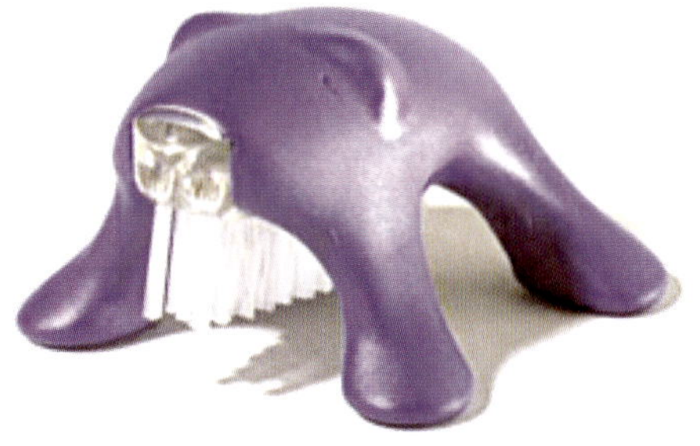

"Candito"
– Stefano Pirovano, 2004

"Pig Pencil" Pencil sharpener, 2002

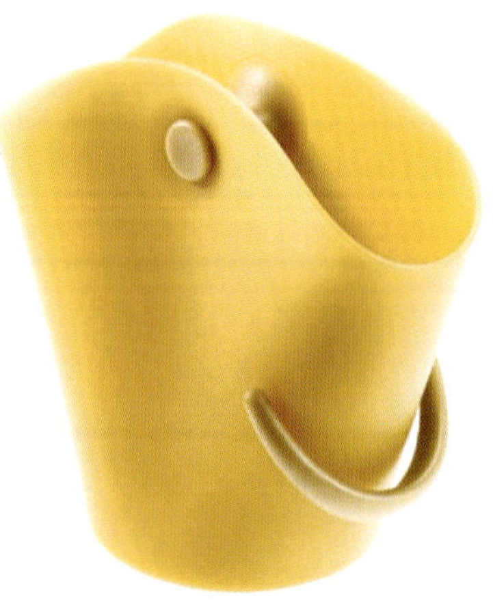

Chiringuito – Ron Arad, 2004

"Oven–to" Table Dish and Holder
– Sottsass Ettore, 1994

"Trattore" Set for Olive Oils
– Andrea Branzi, 2005

ALESSI Watches

Ciclo – Ettore Sottsass

On Time – Jorge Pensi

Out Time – Andrea Branzi

Alberto Alessi

꿈과 희망을 찍어내는 'DREAM FACTORY'

알레시. 이제는 그 이름만으로도 디자인 제품업계에서는 하나의 우상이 되어버린 이 회사는 우리로 하여금 모든 새로운 상품을 새로운 시각으로 바라볼 것을 끊임없이 요구한다. 새로운 시대를 위한 알레시의 제품들은 기존의 기능주의자들이 생각하는 기능주의와는 사뭇 다른 곳에 초점을 두고 있다. 이제 디자인 제품의 기능은 기존의 기능주의 개념과는 달라졌다. 감성과 아이러니 그리고 철학적인 내용을 담고 있기 때문이다. 그래서 알레시의 제품들은 대다수 제조업체들과 다르게 키치 상품으로 전락하지 않을 수 있었다.

알베르토 알레시와 디자이너들은 키치적인 방법과 외양을 빌어서 나름의 독특한 방식으로 이야기를 전달하고자 한다.

상품과 습관, 유형화된 표현형과 진부함에 대한 이야기를 하고 싶은 것이다.

그들은 재미, 비디자인적 요소, 팝문화를 반영하고 싶어 할 뿐, 팝문화의 일부분이 되는 것은 원치 않는다. 그래서 상품에는 비판적인 태도가 어려 있다.

주변 세상 뿐만 아니라 자기들 스스로를 비판하면서 물음표를 던진다.

Family Follows Fiction
– Various Designers, 2006

고객의 꿈을 현실로

"Digital Dream"

Sony

일본
소·니·S·O·N·Y

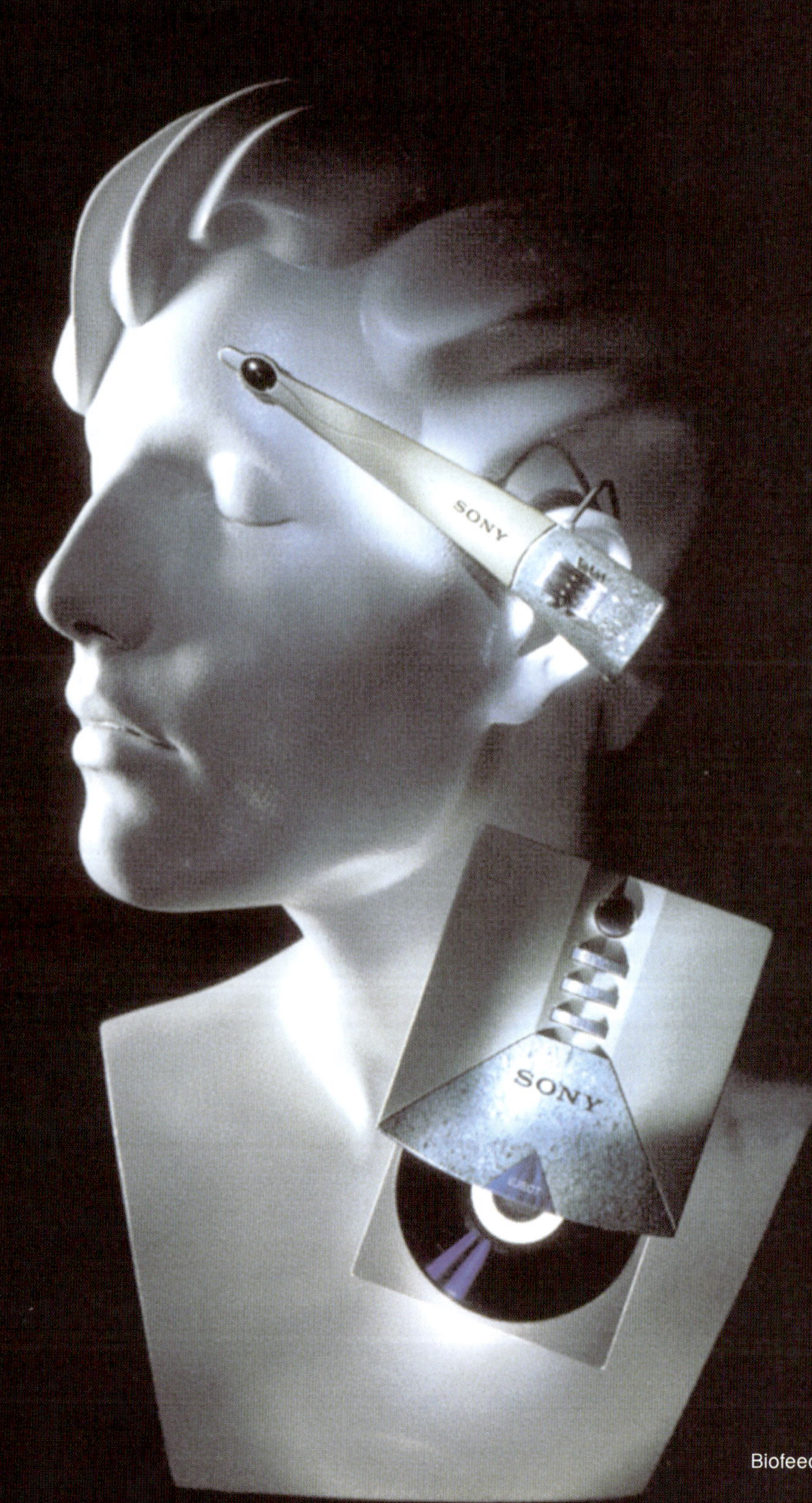

미래의 꿈

Biofeedback Walkman

정적인 전통 문화 도(道)를 중심으로 한 하이테크 디자인

일본의 문화는 도(道)로 대표될 수 있다.

도는 많은 일본인들의 일상생활에 널리 행해지고 있는데 마음을 차분하게 해주며 깊은 심성을 길러 주는데 좋은 역할을 하고 있어서 일본인 개개인에게 고요함을 반영해주는 듯하다.

이러한 전통적인 문화적 특성이 전통을 새로운 문물에 덮어 쉽게 버리지 않게 하고 새로운 환경 속에서 그것을 발전시키고 계승하도록 하여 단순한 미가 아닌 감각으로 표현되는 고요하고 은근한 미를 추구하도록 하고 있다. 따라서 전통공예에 바탕을 둔 조밀함, 간결성, 장식성, 명쾌성, 형태의 상징성 등의 요소가 현대 산업생산과 조화롭게 융화되어진 완벽주의와 극소주의의 일본 디자인은 도구로서의 개념이 강하고 형태와 기능에서 재미있는 방법을 나타냄으로써 여유를 찾고자 노력한다.

특히 '덜함 속의 더함', '모자란 것이 남는 것이다', 등의 감성적인 방법으로 자연스럽게 여유를 찾게 하여 제품에 대해 신뢰성을 갖게 한다.

꿈을 현실로 만드는 소니의 브랜드 파워

소니의 독특한 정신은 남들이 하지 못하는 혁신적 기술과 멋진 디자인을 창출해 내, 매력적인 제품을 경쟁사 보다 항상 앞서 제안해 왔다.
절대 모방하지 않으며, 타협도 포기도 하지 않는다는 기술정신, 그리고 나아가 디자인을 우선시하는 창조 정책의 상승효과이기도 하다.
고객의 요구를 만족시키는 것이 아니라, 고객의 꿈을 현실로 만들어내는 것이다.

Mr. Ibuka's Walkman Prototype, 1978(위)
최초 양산 워크맨 모델 TPS-L2, 1979(좌)

워크맨의 역사, 워크맨의 유래

1978년 10월, 소니사 오디오부문 녹음기 생산부는 퇴출 위기에 몰렸다.
라디오 카셋과 카셋 녹음기를 만들던 이 부서는 더 이상 이익을 내지 못하는 예전 모델 생산을 중단하면서 달리 살아날 궁리를 해야 했다.
어느날 작업실 기사 한사람이 큰 헤드폰을 끼고 싱글벙글 웃으면서 일을 하고 있었다.
공장장에게 적발된 그 물건은 입력 장치를 없애고 출력 장치를 하나 더 끼어 스테레오 재생 장치를 만든 변조 녹음기였다.
이를 바탕으로 내놓은 것이 스테레오로 음향을 출력하는 녹음기, 아니 녹음 재생기였다.
음향기기로서 녹음 재생기의 가능성을 맨 먼저 인지한 것은 소니 공동 창립자이자 명예 회장인 이부카 마사루이다. 녹음기 생산부에 우연히 들렀던 그는 이 시제품을 보곤 모리타 회장에게 이야기를 전했고 커다란 헤드폰을 통해 소리를 듣던 모리타는 경악했다.
모리타 회장은 이 손바닥 만한 녹음재생기에 사운을 걸었다.
걸어다니며 음악을 들을 수 있어 이름도 "워크맨"이라고 붙였으며 젊은층, 특히 10대들에게 인기 있을 것이라고 내다봤다. 다른 임원들은 고급품으로 팔자고 했지만 소니 창립 33주년을 기념해 33000엔(143US달러)에 다소 저가형으로 가격을 맞추라고 지시했다.
시제품 개발팀이 처음 제시한 217달러의 3분의 2도 안되는 가격이었다.

소니 워크맨 신화가 시작되는 순간이었다.

「TPS-L2」와 타카시노 부사장

11979년 7월1일에 발매한 제1호 소니 워크맨(TPS-L2)이 등장한 것은 포터블(Portable) 제품의 등장, 그 이전과 이후를 나누는 중요한 분기점이 되었다.
이제 사람들은 멀리 이동하면서도 전자 제품을 소지품처럼 가지고 다닐 수 있었는데, 이러한 포터블 제품은 공간의 제약에서 사람들을 탈출시켰다.
약 25년간 1,100모델이 개발되어 3억3,500만대를 판매했으며, 일본식 영어의 워크맨은 지금 Oxford English Dictionary에도 실려 있듯이, 모바일 음악 상품의 총칭이라고 할 수 있는 존재가 되었다.
이것은 음악을 운반해 듣는 하나의 문화를 만들었다고 해도 과언이 아니다.

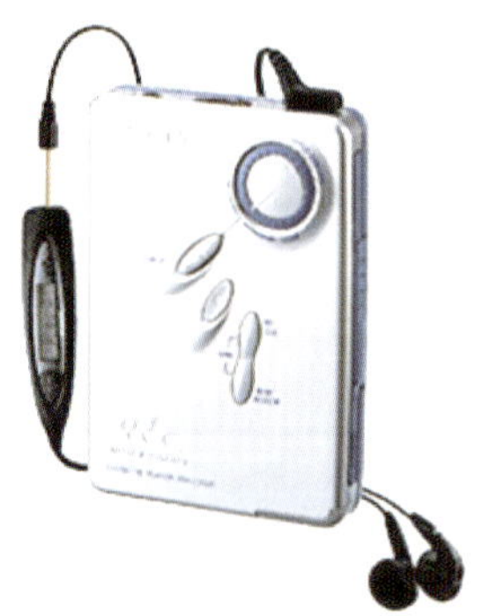

다양한 기능과 형태의 워크맨 시리즈

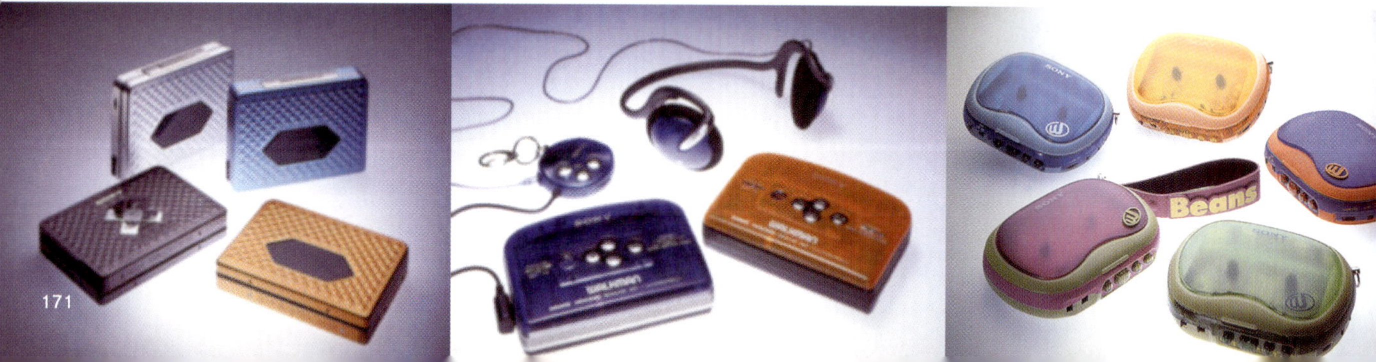

Sony Spirit
Professional WALKMAN, 1989

Psyc Series, 1998

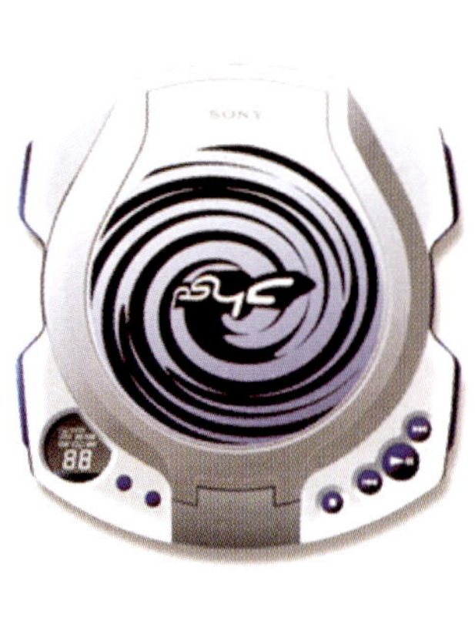

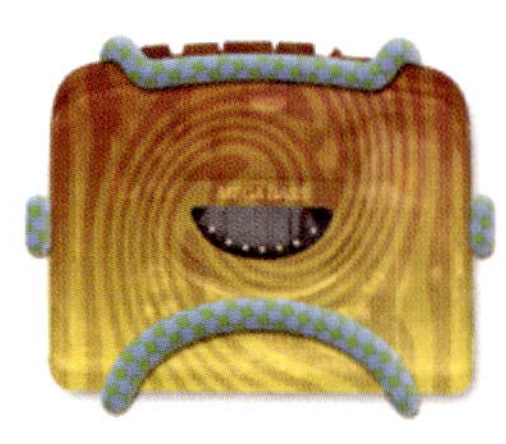

워크맨은 일본에서 발명했지만 뉴욕에서 생명을 얻었다. 79년 첫 제품이 나오고 곧 이어 미국에 상륙한 워크맨은 도심 속 고독을 즐기려는 현대인을 사로잡았다.
센트럴파크의 조깅족, 지하철 출퇴근족들에게 워크맨은 지상에서 유일한 동반자였다.
고립은 자연스런 것이지만 고독은 문화적인 것이다. 고립은 그렇게 주어진 것이지만 고독은 스스로 선택한 것이다. 워크맨은 스스로를 외부로부터 차폐시키고 내면으로 침착하게 하는 결정적인 매체로 각광받았다. 여피족의 등장과 워크맨은 절묘한 궁합이었다.
워크맨 신화는 그러나 우연이 아닌 소니의 글로벌 마케팅 전략의 승리였다.
미국과 유럽, 동남아에서 소니는 대대적인 광고를 통해 "워크맨과 함께" 하는 삶의 다양한 모습을 선전했다. "내 첫 소니" 라고 이름붙인 어린이용 워크맨을 장난감 가게에서 팔았고, 워크맨 한대를 둘이 들을 수 있게 이어폰 연결부를 하나 더했다.
집안에 놓인 묵직한 스테레오가 아니라 손바닥만한 가벼운 워크맨은 나만의 가전제품, 즉 1인용 "개전" 제품 개념을 창안했다. 소니 워크맨은 소니를 세계 언어로 만들었다.
소니 워크맨은 일본의 얼굴이 됐으며, 일본 제품의 첨단 기술을 보증하는 "Made in Japan" 전도사가 됐다. 글로벌 경제, 글로벌 문화 시대 일본의 강력한 영향력은 이 같은 첨단 기술과 국제적 마케팅의 결과로 얻어졌다
이렇게 해서 탄생된 소니 워크맨은 영업부 예상을 뒤엎고 젊은이와 시장과 세계를 강타했다.

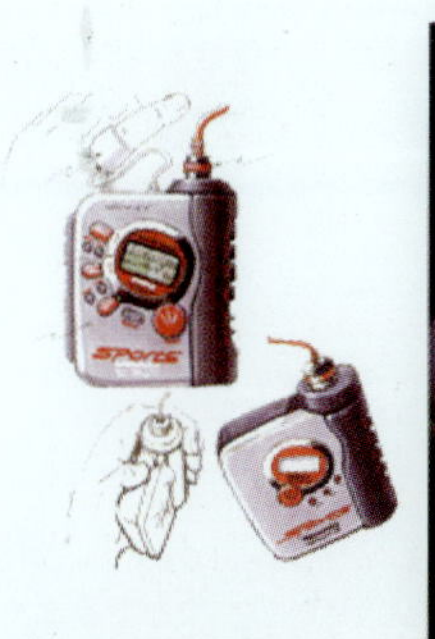

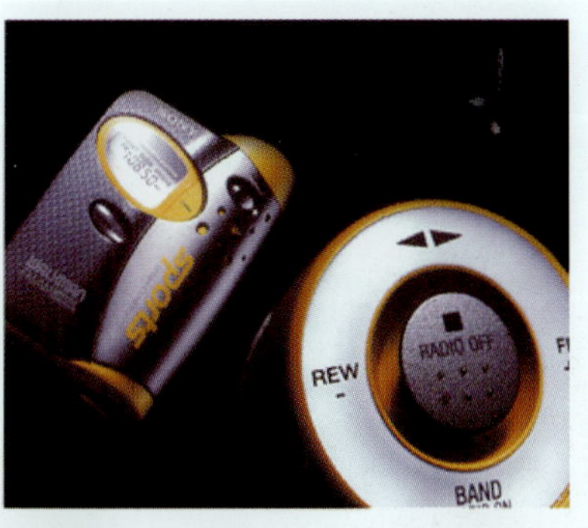

도시는 이미 시각 공간이 아니라
청각 공간으로 바뀌고, 집단 공간 속에서도
나만의 밀실 공간을 확보한다.
이 작은 판도라의 상자는 젊은이들에게
미이즘(Meism)이라는 새로운 소망을 주었다"
– 이어령 이화여대 석좌교수 –

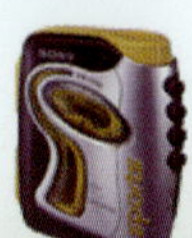

Digital Dream Kids

디지털 세상을 추구하는 사람

소니는 언제나 시장에 없는 제품만을 만들고 선도해 왔다.
세계 최초 트랜지스터를 시작으로 워크맨, CD, MD(미니 디스크)등 소니가 창출해 낸 시장은 실제로 우리의 라이프 스타일을 바꾸어 왔다.
21세기 디지털 네트워크 시대, 소니의 사업영역은 바로 '디지털 네트워크' 이다.
Digital Dream Kids란 '선두를 지키기 위해서는 계속해서 변화해야 한다'는 창업세대의 소니정신을 이어받아 디지털 세대로 자라나는 미래 고객들에게 '새로운 라이프 스타일'을 제시하고 '고객의 꿈'을 창출하는 소니의 디자인 정책을 의미한다.

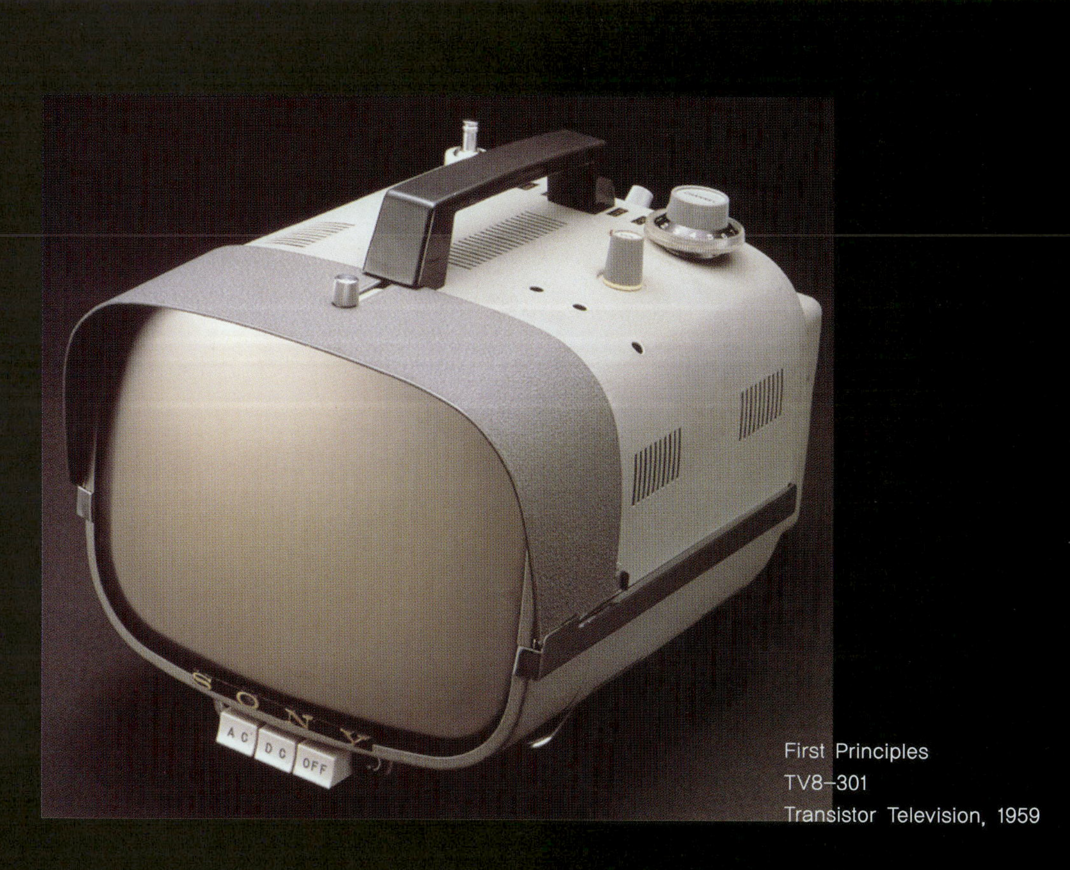

First Principles
TV8-301
Transistor Television, 1959

소니 드림 로봇 SDR-3X 3대가 동시에 춤추는 모습

장난감의 새로운 트랜드, 애완용 로봇
A new Trend in the Toy Industry, Pet Robots

80년대 자동차용접, 전자제품 조립 등 산업현장에서 각광을 받기 시작한 산업용 로봇은 현재 그 수요가 한계에 이르렀고 로봇 산업은 서비스 로봇과 개인용 로봇 등 고기능형 로봇에서 돌파구를 찾으려 하고 있다.

서비스 로봇은 사람을 대신해 활동하는 로봇이다.

불끄기 작업이나 원자력 사고 지역 관찰 활동 등 인간 대신 위험을 무릅쓰는 일에 적합하다.

개인용 로봇은 사람과 함께 지내며 주인을 돕는 애완용으로 다양한 기능을 가진, 인간과 어느 정도의 커뮤니케이션이 가능한 삶의 질 향상에 기여하는 감성적 로봇이다.

조금 비싸기는 하겠지만 편하고 단순한 커뮤니케이션과 친구를 원하는 사람들이 장난감으로 친구 로봇을 구입하는 시대가 그리 멀지 않았음은 분명하다.

AIBO ERS-311

AIBO ERS-7M3

아이보(AIBO)

2000년도에 발표된 소니의 대표적인 장난감 로봇 아이보

애완 동물 로봇에 대한 열풍을 몰고 온 제품.
행복, 슬픔, 성남, 놀라움, 공포, 싫어함, 등 6가지 감정을 소리와 행동으로 표현할 수 있는 인공지능 로봇으로 감정을 느끼고 학습능력을 갖추었으며 성장 알고리즘을 가지고 자라난다.
아이보의 AL은 인공지능을 의미하고, 일본어로 아이보는 친구를 의미한다.
아이보 I 은 25만 엔이라는 고가에도 불구하고 출시 15분 만에 매진될 만큼 선풍을 일으키면서 그 열기가 전 세계로 이어졌다.
하이테크-하이터치라는 표현이 딱 맞는 감성을 자극한 디지털 기술의 진수를 보여주었다.
그러나 2006년 3월말로 소니의 꿈의 사업이었던 애완로봇 '아이보(AIBO)'는 소니 그룹 전체의 경영위기 극복의 일환으로 생산을 종료했다.

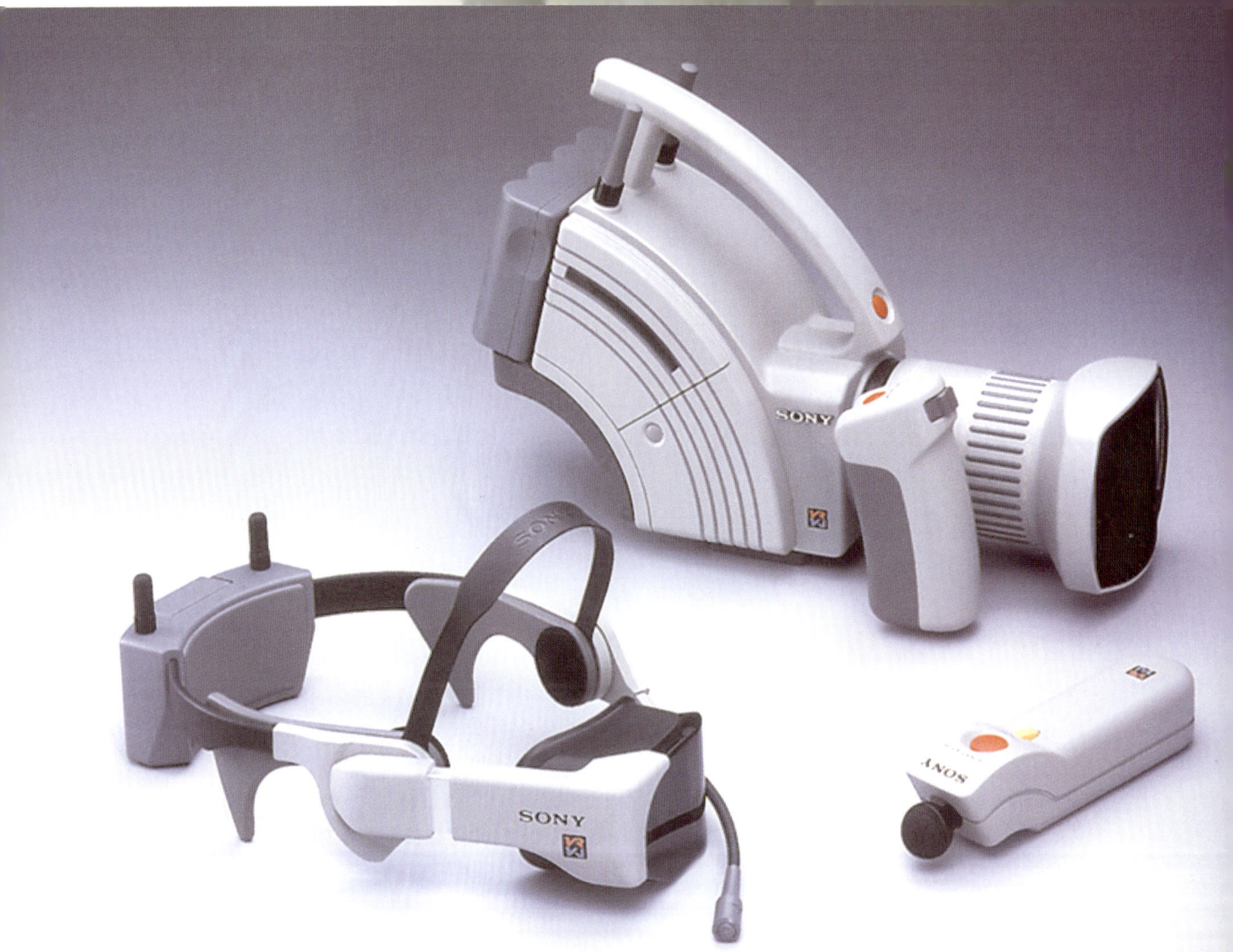

Digital Video Camera – VRVJ

브라비아(BRAVIA)

'기술의 소니'를 얘기하며 내놓은 LCD TV의 새 브랜드 '브라비아' 는 미국과 유럽시장을 강타하면서 'TV 황제'라는 과거 모습을 다시 떠올리게 하고 있다. 2005년 가을 출시되어 현재 미국과 유럽에서 점유율 1위를 차지하고 있고, 세계시장에서 소니를 다시 정상에 올려놓았다.

Logo	Period
[logo]	동경 동신 공업시대
[logo]	1955
SONY	1957
SONY	1961
SONY	1962
SONY	1969
SONY	1973

Sony CI의 어원

SONY는 소리라는 의미의 "SONIC"과" SOUND"의 어원 "SOUNS"와 그리고 "귀여운 "이라는 의미인" SONNY"의 합성어이다. 50년대 소니는 해외 진출에 대한 희망으로 가득찼다. 확실히 "SONY BOY(귀여운 젊은이)" 였다. 그러나 당시 "Made in Japan" 은 유감스럽게도 조잡한 품질의 대명사였다.

일본에서도 의욕적이고 우수한 인재가 있었으나 경험 및 지식의 축적과 자본력은 빈약했다. 더욱이 상품을 만들어도 국내에서는 구매력이 없는 시대였기에 구미 시장을 겨냥하고자 하는 일환으로 일본식 표기에서 서구식 표기로 바꾸었으나, 이러한 선택은 대단한 용기가 필요했던 일이었다. 한편 세계를 무대로 판매하기 위해서는 회사명을 어느 나라 사람이든 기억하기 쉽고 정확하게 부를 수 있게 하고 싶었다. 그리고 무엇보다도 신뢰라는 이름으로 기억되고 싶었던 그들의 책임감이 SONY라는 4문자를 태어나게 했다.

RM-S781 Remote Controller

1994년 12월, 플레이스테이션 등장은 그야말로 비디오 게임기의 혁명이었다.
소니는 닌텐도와 합작으로 플레이스테이션을 만들었으나 닌텐도사는 중도에 포기하여 소니가 결국은 최종으로 내놓았다. CD-ROM을 게임 디스크로 채택하여 그 당시에만 해도 엄청난 용량과 화려한 성능으로 많은 관심을 불러 일으켰다.

PlayStati

PlayStation 1 (SCPH-1000)

PlayStation 2

외관은 SF 영화 2001 스페이스 오딧세이에 등장하는 모노리스와 닮았으며 기존의 눕혀두던 게임기에서 벗어나 별매의 스탠드를 이용하여 세워두는 것이 가능하다.

2000년 초 출시된 플레이스테이션 2는 일본에서 발매 3일 만에 90만대 이상, 2002년 5월에는 전 세계적으로 3,000만대의 출하량을 각각 기록하였다. 세계적으로 누적 출하량이 7,000만대를 넘고 있던 PS 1 의 게임 대부분을 그대로 사용할 수 있다고 하는 하위 호환성은 게임기로서는 획기적이었다. 이 호환성은 사용자에게는 플레이스테이션용 게임도 즐길 수 있는 장점이 되었고, 개발자에게는 플레이스테이션용 게임을 계속 만들어도 되는 등의 큰 이점이 있었다. 패밀리 컴퓨터와 슈퍼 패미컴, 세가 새턴과 드림캐스트도 개발 당시 호환성을 염두했지만 타산이 맞지 않는다거나 구 게임의 매상이 떨어지는 등의 염려로 무산된 경위가 있다. PS 2 는 그러한 염려 끝에 성공을 거두게 된 것이다.

또한 DVD 비디오를 매체로 하고 DVD 플레이어가 내장되어 단순한 게임기가 아니라 재생기로도 사용할 수 있는 게임기로서 DVD의 저가화와 보급에 큰 공헌을 하게 되었다. PS 2 의 DVD 재생 능력은 비디오 게임기가 게임을 즐기는 것만이 아닌 하나의 가전기기로서 자리잡아가고 있음을 잘 보여주고 있다고 할 수 있다.

eries

PlayStation Controller

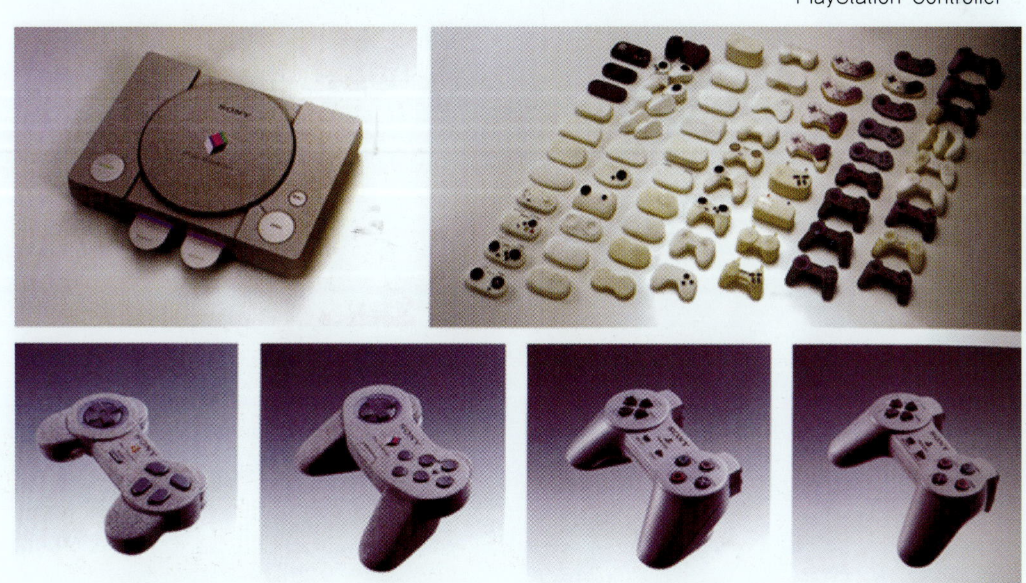

가격대비 성능 뛰어난 *"엔터테인먼트 슈퍼컴"*

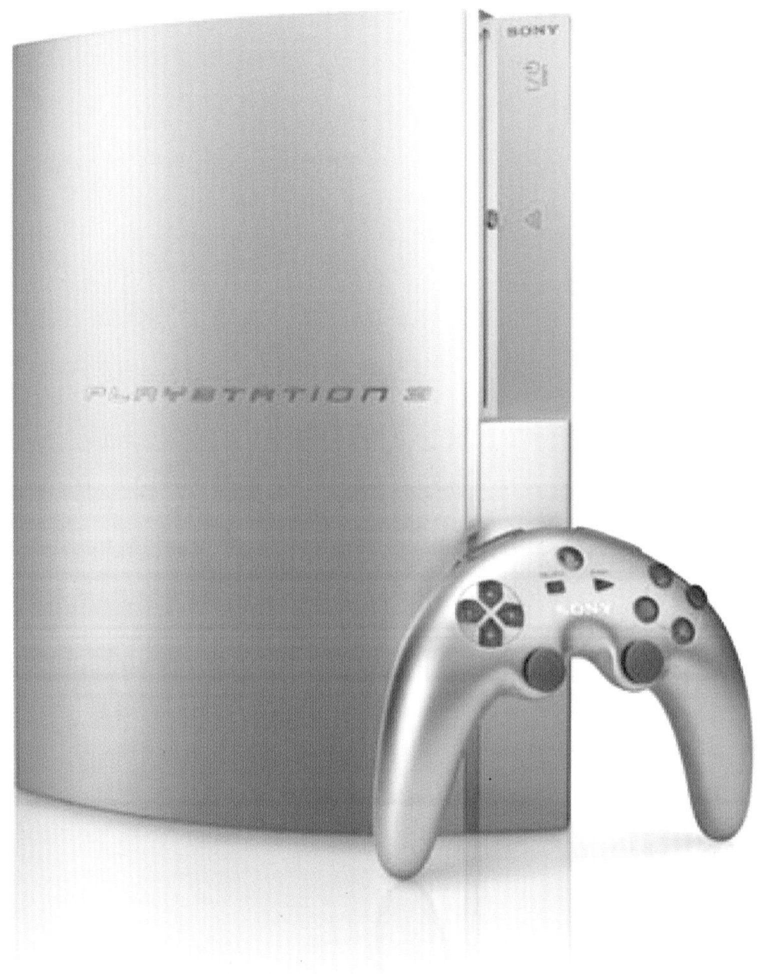

PlayStation 3

2006년 하반기 많은 우여곡절 끝에 출시된 PS3는 'PlayStation' , 'PlayStation2' 와의 호환성을 갖추는 동시에, 차세대 컴퓨터 엔터테인먼트 컨텐츠를 가정 내에서 즐길 수 있는 컴퓨터 시스템이다.
모든 기종에 기가비트 이더넷과 HDD(하드 디스크 드라이브)를 탑재함으로서 네트워크를 통해 여러 가지 컨텐츠 다운로드나 게임에 대응, 온라인 서비스의 이용이 가능해졌다. 고화질의 BD(블루레이 디스크)를 여유롭게 재생할 수 있어 BD포맷에 있는 최고의 화질과 음질을 즐길 수 있게 한다.
차세대 가정용 게임기 플레이스테이션3(PS3)의 출시에 따른 그 수요는 가히 폭발적이다. 미 전역에서 발매 첫날 PS3를 사기 위해 수백명의 사람들이 밤을 새워 매장 앞에 줄을 서는 진풍경을 연출했는가 하면, PS3를 차지하기 위한 총격전까지 발생하는 등 게임 같은 일이 벌어지기도 했다.
일본에서 내 놓은 초도 판매 물량 10만대가 당일 매진되는 기록을 세우기도 했다.
이처럼 등장 초기부터 폭발적인 호응을 얻고 있는 것은 이 제품에 게임 기능뿐만 아니라 차세대 멀티 미디어 플레이어 기능에다 첨단 컴퓨팅 기능까지 탑재돼 있기 때문이다.
실제 스텐퍼드 대학 측은 PS3의 첨단 컴퓨팅 기능이 난치병 치료를 위한 의학 실험에 용이하다는 견해를 피력하기도 했다.

판매 첫날 PS3를 구입하려는 소비자 행렬

소니사가 출시한 다양한 기능의 영상 장비

TR 55, 1989

휴대용 비디오카메라를 1985년 첫 출시했을 때 매출 부진을 면치 못했으나 '당신 아기가 성장하는 과정을 영원히 간직할 수 있다'는 컨셉으로 모가 없고 작고 가벼우며 모든 기능을 갖춘 본 제품을 출시, 전체 비디오카메라 시장의 50%를 차지하는 기록을 세웠다.

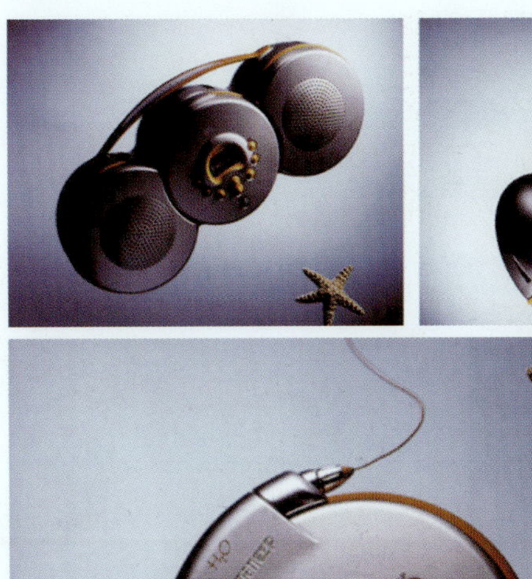

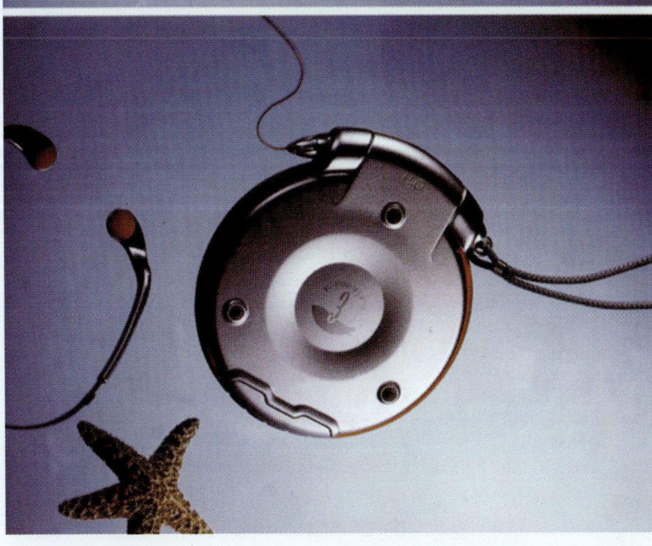

Concept Design H2O Series

Wearable Video PLM-S700

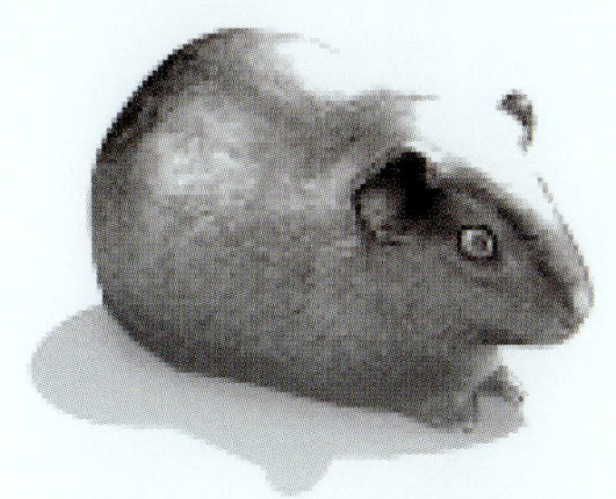

실험용 쥐를 자처한 도전과 창조정신

소니의 '제품' 에는 일관된 '생각' 이 들어있어야만 한다고 생각하고 있다.
이것은 이부카 마사루와 모리타 이키오 두분 창업자가 소니를 창업한 이래,
현재까지 계속 이어온 정책이다.

끊임없는 탐구심과 열정으로 이 세상에 없는 독창적이고 유용한 제품을 내놓은 것을 두고, 1960년 초 일본의 유명 평론가 오야 소이치씨는 주간 아사히에서 "소니는 결과적으로 다른 큰 전기 회사들을 위한 모르모트(실험용 쥐)적인 역할을 한 것이 된다." 라고 평했다.
당시 회장이었던 이부카 회장은 이를 역발상으로 전환, 오히려 사원들로부터 받은 모르모트 형상을 항상 책상 위에 두어 새로운 지식 창발과 변화 개척의 상징으로 삼았다고 한다.
이러한 모르모트론은 세월이 지나면서 더욱 생생히 발전되어 지금까지 이 세상에 없는 "세계최초", "세계최소", "최경량" 의 독특한 제품을 만들어 고객에게 신선한 충격과 소유의 기쁨, 사용하면서 느끼는 감동을 선사하며, 새로운 라이프 스타일을 창조해 왔다.
이제 소니는 21세기 새로운 도전을 시작한다. 브로드밴드(Broadband)시대를 위한 유비쿼터스 밸류 네트워크(Ubiquitous Value Network : 연결할 수 있는 것은 모두 연결한다)제품을 만들기 위해 오늘도 소니의 모르모트들은 땀을 흘리고 있다.

eMusic, 1998

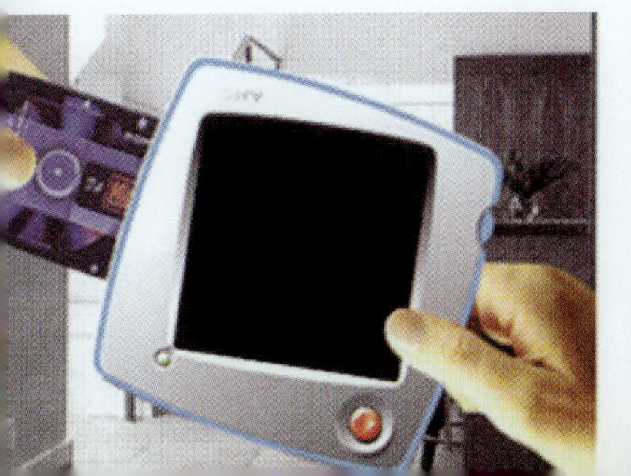

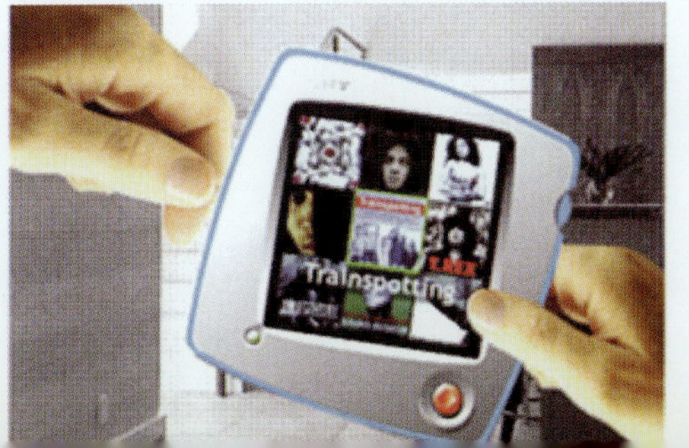

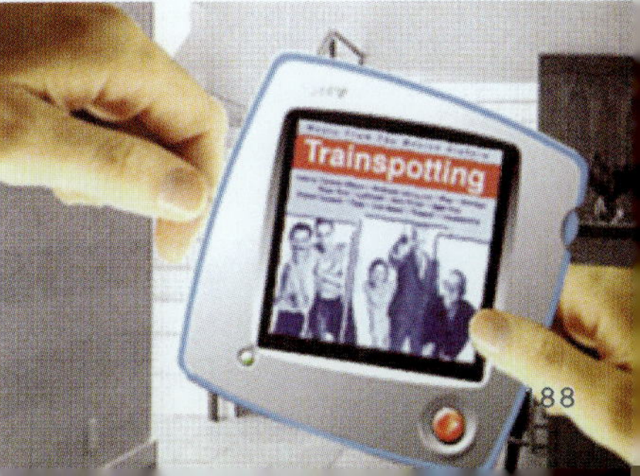

공예정신과 자연주의

"Design Driven Prior to Technology"

Nokia

핀란드

노·키·아·N·O·K·I·A

노키아의 핸드폰 Nokia 5110

화상 혹은 데이터 통신 분야는 핀란드의 디자인과 기술이 큰 성공을 거둔 분야 중 하나이다. 핀란드의 대표적 업체인 노키아사는 유럽 제일의 생산량을 자랑하며 세계 130여 개국에서 판매되고 있다. 하노버에서 열린 98 CeBit 박람회에서 처음 선보인 모델로서 혁신적으로 간편화된 조작 기능과 개성적인 디자인으로 많은 주목을 받았다.

자연적인 소재와 꾸밈없는 디자인

핀란드는 북유럽의 대표적인 하이테크 문화의 나라로서 삼림자원이 풍부한 반면 농지는 부족하고 수많은 호수와 섬들로 이뤄져 있으며, 북극에 가까우므로 태양이 부족한 자연환경 속에 인구밀도가 낮은 나라이다.

따라서 이들의 관심사는 자연과 인간의 조화에 있으며, 주어진 자연 환경을 아끼면서 소박하게 사는 생활태도와 민족성이 반영되어 자연적인 소재를 그대로 살린 단순미와 자연미가 넘치는 것들로서 전통적인 소재와 형태를 귀하게 간직하며 지속적으로 개발해 나가면서 담백하고 자연적인 디자인을 특징으로 하고 있다.

또한 과거의 전통적인 공예가 일상용품 디자인에 자연스럽게 접목되어 생활도구와 일상적인 삶이 조화롭게 연계되도록 하고 있다.

1980년대만 해도 핀란드의 주산업은 자연 환경을 통한 제지와 펄프 산업이였으나, 1990년대 초 불황이 닥치자 정부는 국내총생산(GDP)의 2.9%를 기술의 연구 개발에 투입하기로 결정하면서 하이테크로 눈을 돌리기 시작했으며, 기업들은 해외 합작과 전자 벤처 사업을 시작했다. 그러나 노키아는 고무, 전선 등으로의 무분별한 사업 확장과 금융위기까지 겹쳐 부도 위기에 몰렸고, 통신 분야만 남기는 대대적인 구조조정을 단행해야만 했다.

그 후 통신 분야의 집중화, 세계화 전략을 펼쳤으며 대학의 과학산업 단지를 설치하는 데도 투자했다.

핀란드의 대기업 · 정부 · 민간 투자가들 간의 협력체제는 기업들이 번창할 수 있는 분위기를 조성했으며, 오늘날 세계 휴대폰 시장을 독점할 수 있게 하는 바탕이 되었다.

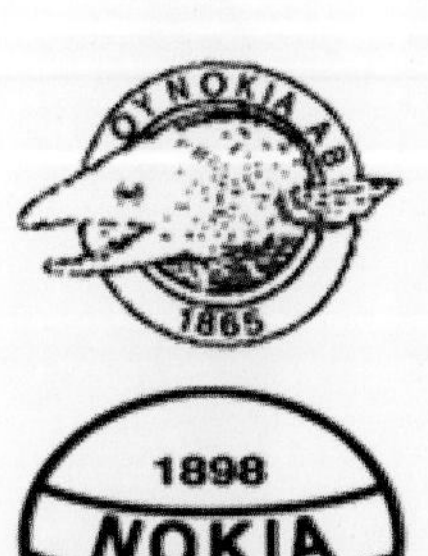

목재 · 펄프 · 고무
업종의 3개회사 통합

무선 커뮤니케이션 시장에서 리더쉽 확보

다양한 기능과 컨셉의 제품을 빠른 속도로 개발, 출시하여 시장에서의 반응을 본 후 개선점을 고침으로서 기술을 꾸준히 혁신하는 스피드 디자인 전략을 실시했다.
이는 기술을 먼저 개발하고 디자인을 나중에 하는 엔지니어 중심적인 방식에서 벗어난 것으로 휴대폰 디자인을 먼저 만들고, 그 안에 전자부품을 집어넣는 방식을 채택하여 철저한 디자인 경영을 실시한 결과이기도 하다.
그 결과 개인용 휴대전화 시장을 선도, 확고한 브랜드를 만들었다.
또한 전 세계 15개국 45개 지역에 노키아 연구센터(Nokia research center)를 설립해 운영함으로서 글로벌 전략을 펼치고 있으며, 국가별 시장 성격흐름을 분석하고 있다.

Nokia 6100 Series
1997, PCABS Coloured Resin

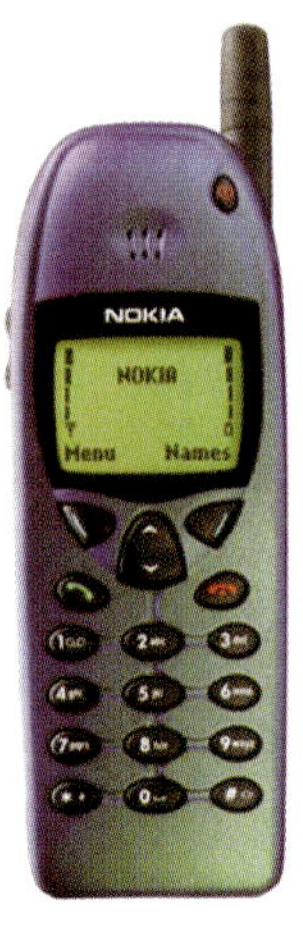

구조조정의 교과서

1865년 프레드릭 이데스탐이 조그만 목재 펄프공장으로 시작한 회사가 2000년 헬싱키 증권거래소에 상장된 전체 주식의 시가 총액 중 60%에 이르고 있으며, 핀란드 국내 총생산의 4%, 핀란드 전체 R&D 투자비의 30%를 차지하고 있다. 휴대폰과 통신장비에 집중하고, 매출의 95%를 세계시장에 내다 팔고, 주식의 80%가 외국인 소유인 노키아의 집중화와 세계화 전략은 진정한 기업 성공의 본보기다.

Nokia 8110
1997, PCABS Resin

Nokia 101
Early 1990s, PCABS Coloured Resin

Nokia 8810 1998, ABS, Metallic Plating

노키아는 스타일을 중시한다.
1999년 본 제품을 런칭할 때 전세계 패션계의 유명 인사들에게 선물했다.
케이트 모스와 나오미 캠벨 등 슈퍼모델과 디자이너가 Nokia 8810을 들고
있는 모습이 여러 번 목격 되면서 여성들이 가장 선망하는 휴대폰으로 급부상했다.
휴대폰을 패션 소품으로 여기는 트렌드를 한 발 빨리 읽은 예다.

노키아의 나라 핀란드의 기적, 핀란드는 몰라도 노키아는 안다

핀란드 대통령은 해외에서의 연설에서 "핀란드는 여러분이 잘 모를 수도 있는 작은 나라입니다만 노키아(Nokia)를 생산하는 나라입니다"라고 말한다고 한다.

핀란드는 몰라도 노키아는 안다는 것이다.

세상 사람들이 핀란드를 잘 모를 것이라는 것은 좀 과장이겠지만, 대통령 자신이 이렇게 자랑스럽게 내세우듯 세계적인 기업인 것만은 분명하다.

휴대폰 시장점유율 세계 1위 기업이기 때문이다. 휴대폰은 특히 정보통신사회의 꽃이라는 점에서 그 의미가 매우 크다. 인구 520만명에 불과한 조그마한 나라가 세계 최고의 정보통신 강국이 되었다는 것은 가히 기적적이라고 하지 않을 수 없다.

Nokia GPS 컨셉트 제품

Nokia 8210
Buit in dictionary
음성다이얼 기능 내장

Nokia 8910
2002, Titanium

Nokia 9210
2002, PCABS Resin

Nokia 6630

Nokia 6630
카메라 기능에 중점

미래지향적 Concept Design

Noki

Nokia Vertu
2002, Platinum

노키아 정신

노키아는 인간중심적인 가치를 지향하고 있다.
'커넥팅 피플(Connecting People)' 이라는 미션과 '휴먼 커뮤니케이션' 이라는 기업 비전은 바로 단순한 휴대폰 제조 회사가 아니라 '사람과 사람을 이어주는 커뮤니케이션' 이라는 가치를 지향하는 기업임을 함축하고 있다.
또한 현재에 만족하기 보다는 미래에 사람들이 원하게 될 새로운 제품을 개발하기 위해서 더 많은 노력을 기울이고 끊임없는 도전을 거듭하면서 새로운 미래를 만들어 나가는 모습이 바로 노키아 정신이다.

pirit

Nokia 7210
2002, PCABS Resin

노키아의 성장과 신화

핀란드에 누르미(Nurmi)라는 노인이 있었다.
자그마한 사업 실패로 미국으로 건너가 돈을 조금 번 것으로 알려진 평범한 노인이었다.
상속자가 없던 이 노인은 헬싱키에 있는 집 한 채와 남은 돈 약간, 그리고 노키아 주식 760주를 자신의 작은 고향 푸키리아(Pukkilia)에 기증했다. 그의 유언은 간단했다.
'노키아 주식은 절대 팔지 말고, 배당금으로는 노인 복리를 위해 쓰라는 것' 이 전부였다.
그는 1962년에 사망하고 37년이 지난 후, 아주 엄청난 일이 일어났다.
1999년 12월 새로운 밀레니엄을 앞두고 마을 전체가 돈벼락을 맞은 것이다.
약 4천만 달러가 하늘에서 떨어진 것이나 다름이 없었다. 누르미 노인이 죽던 해, 겨우 19달러에 불과하던 주식이 2억 2500만 FIM(약 3,860만 달러) 가 되어 버린 것이다.
비결은 주식 760주가 37년 동안 증자에 따라 22만 8천주로 늘어났기 때문이기도 했지만, 단순히 주식의 수량이 늘어서가 아니라, 노키아 주식 한 주당 가격이 1992년에서 1999년까지 7년 사이에 약 300배 가량이 올랐기 때문이다.
이 동화 같은 이야기는 이제 노키아의 성장과 신화를 전해주는 유명한 에피소드가 되었다.

Nokia 2610

고가폰 시장의 포화상태에 따른
아프리카, 동남아 등 신흥 시장 공략을
위한 저가폰 출시

Nokia 2652

Nokia 7600

나뭇잎(Leaf)모양의 독특한 디자인
Java Technology Conference 2004에서 공개

N-gage 스마트폰 컨셉 디자인

Nokia 7610

Nokia 5500 Sports, 2006

스왑 키를 이용해 이동전화, 음악,
스포츠 모드(만보계, 속도와 거리, 스톱워치)로 전환 사용
다이어트 관리에 효과적인 휘트니스 프로그램 내장

2003년 세계최초 게임폰 출시

N-Gage Series 발표회

"N-Gage"

이동전화와 휴대용게임기가 하나로.....

Nokia E70

Nokia N93

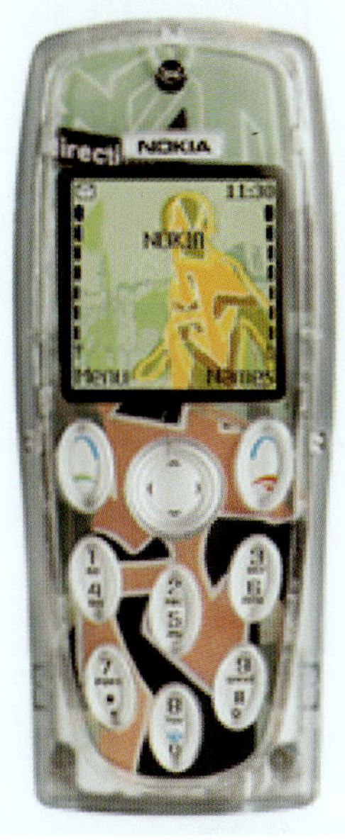

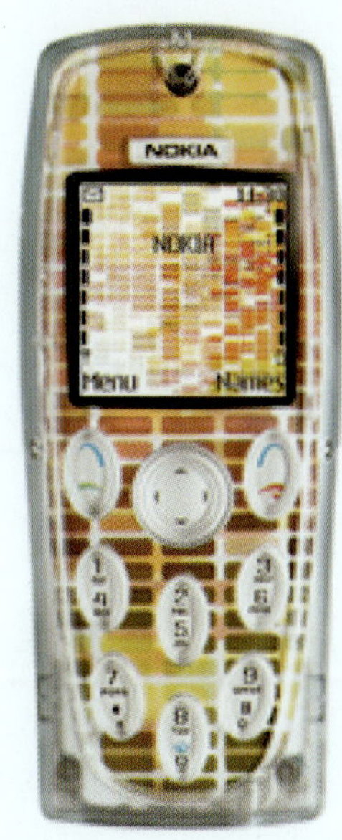

Nokia 7260

디자인 전략

노키아는 고객에 대한 마케팅과 서비스를 매우 중시한다.
휴대폰을 개인용 기술로 인식하여 기능적인 면 뿐 아니라
스타일이 고객의 취향에 맞아야 한다고 생각한 것이다.
이에 따라 사업가, 기술 애호가, 잡담가, 유행 추종자로
각각 분류해 차별화 전략을 펼쳤다.
사업가는 비즈니스 고객으로 복잡한 기능을 선호하지 않는
반면, 기술 애호가는 다양한 기능을 선호한다.
잡담가는 낮은 가격을 우선적으로 고려하며, 유행 추종자는
화려한 색상과 디자인을 선호한다.
지금도 각각의 고객층에 맞는 제품으로 마케팅 활동을
전개하고 있으며 이용 편리성과 단순성 뿐 아니라,
각각의 타겟에 맞게 디자인 또한 차별화 한다.

Nokia E61 비지니스폰

블루투스 헤드폰 HS-13W

Nokia 8800

Nokia N90

특이한 힌지구조로 캠코더 스타일이나
노트북 스타일로 변형 가능.

여성향폰(기능+a 명품폰)
The L'Amour Collection

휴대폰 제조업체 세계 1위

1998년 모토로라를 제치고 정상에 올라선 후 정보통신시장에서 줄곧 최강자의 자리를 유지하고 있으며 창업보다 수성이 어려운 법인데, 그 후 노키아의 시장 독주가 이어지는 반면 나머지 업체들의 시장점유율은 갈수록 줄고 있는 것으로 나타난다.

더욱 놀라운 것은 노키아라는 기업이 원래부터 통신을 주력으로 하는 기업이 아니었다는 사실이며 앞서서 언급했듯이 목재 · 펄프 · 고무를 생산하는 전통적인 회사였다.

이런 기업이 아날로그 사회에서 디지털 사회로 이행되는 전환기에 과감하게 디지털 시장에 뛰어들었고 지속적인 연구개발 투자를 통한 기술혁신을 이루며 정상에 올랐던 것이다.

전 세계 50개국에 있는 직원 5만1천여명(2003년말 기준) 가운데 연구개발(R&D) 인력이 39%(약 2만여명)에 달하는 경쟁력을 갖추어 휴대폰 세계시장 점유율(2006년초 기준)이 약 32% 정도를 차지하고 있다.(2위: 모토롤라 17%, 3위: 삼성 13%)

2, 3위를 합친 규모보다 더 큰 시장점유율을 차지하고 있는 저력은 바로 혁신적인 기업문화와 미래지향적 비전 때문일 것이다. 혁신은 핀란드 사회를 관통하는 키워드이다. 핀란드의 과학기술혁신정책, 핀란드 기업의 혁신문화, 미래지향적인 연구개발 투자 등은 핀란드를 벤치마킹의 대상 1호 국가이자 세계에서 가장 경쟁력 있는 나라로 만들어 놓았다.

Nokia 330, 2006
오토 네비게이션

참고문헌

1. Digital Dreams
   The Work of the Sony Design Center – Paul Kunke
2. 이탈리아 경쟁력 그 실체는 이렇다 / 한국무역협회. 1994
3. 성공적인 기업이미지 마케팅 / 제임스 R. 그레고리. 1998
4. 소니의 선택. 소니의 성공 / 마쓰오카 다케오. 2000
5. 레고 스토리 / 마그렛 울레. 2000
6. 글로벌기업 디자인 / 제이 R. 갈브레이스. 2002
7. Vision of the Future
8. Swatch + Emotion
9. Swatch + After
10. 성공기술 변화의 방법. 노키아 / 장마크 괴테르트. 2003
11. 세계화와 글로벌 기업 / 박의범 외. 2004
12. 북유럽 / 랜덤하우스코리아 편집부. 2005
13. 브랜드 혁명 / 제임스 R. 그레고리. 2006
14. 스티브 잡스의 창조 카리스마 / 김영한. 2006
15. 디자인하우스 Design Vol.260, Vol.273, Vol.274, Vol.333
16. Design Net Vol.51, Vol.54, Vol.83, Vol.88, Vol.89
17. Monthly Design Vol.229, Vol.245

GLOBAL

icon Culture

글로벌 아이콘 문화

인쇄 : 2007년 01월 20일
발행 : 2007년 01월 30일

이 재 공
한림성심대 교수 / 산학협력단장
이탈리아 베니스비엔날레 초청작가
국민대, 강원대 출강
이탈리아 Domus Academy MID
현대전자 선임디자이너

심 형 수
아쏘디자인 고문
한림성심대 산학협력 전담교수
지식정보디자인혁신센터 선임연구원
공주대, 강원대, 대진대 외 출강

펴낸곳 : 태학원 **발행자 : 이무형**
우)121-110 서울시 마포구 신수동 88-13
TEL : 02-719-6680 H.P : 011-9110-0874
E-mail : taehakwon@hanmail.net

정가 : 20,000원
ISBN : 978-89-86016-96-3 93580